Gott schuf die Zeit…

…und die Grenzen der Rationalität

Herstellung und Verlag:
BoD - Books on Demand, Norderstedt
ISBN 9 783757853112

1. Auflage
gunterhiller@gmail.com

Vorwort

Zeit ist einer der am häufigsten gebrauchten Begriffe, der am wenigsten verstanden ist. Wohl scherzhaft bezeichnete deshalb Einstein Zeit auch als das, was man auf einer Uhr ablesen kann. Hinter manchem Scherz versteckt sich oftmals auch ein Funken Wahrheit, aber dieser Scherz hat vermutlich mehr Missverständnisse ausgelöst als man sich hätte träumen lassen.

Was uns eine Uhr anzeigt ist eine Dauer, die man aber nicht mit Zeit gleichsetzen oder verwechseln darf. Das wäre so, als ob man alle Fische als Heringe bezeichnen würde, weil einem die Vielfalt der Fische zu kompliziert und komplex ist. Eine Dauer lässt sich quantitativ messen und bewerten, Zeit besitzt dagegen Qualitäten, die sich einer quantitativen Bemessung entziehen.

Wenn man Quantitäten der Rationalität zurechnet, dann darf man Qualitäten der Emotionalität zuordnen. Wir wissen alle, dass man Äpfel nicht mit Birnen vergleichen kann und dennoch bemühen wir uns immer wieder, Vergleichsoptionen zu konstruieren. Das hat Vorteile, wie beispielsweise die Einführung und Verbreitung des Geldes beweist, aber wir kennen alle die Grenzen eines monetären Systems.

Die Substitution von Zeit durch Dauer hat unbezweifelbare Vorteile, aber sie verdrängt in unserem Bewusstsein die Tatsache, dass wir tatsächlich Zeit nicht rational erfassen können. Um es gleich vorwegzunehmen, ich weiß auch nicht, was Zeit ist, aber ich bin mir ganz sicher, dass Zeit mehr ist als die in Wissenschaften propagierte Dauer.

Was sind denn die Konsequenzen, wenn wir etwas rational erklären wollen, was sich gar nicht rational erklären lässt? Ein manchmal gefühltes *weniger ist mehr*, lässt sich rein rational nicht begründen, da gilt immer *mehr ist mehr!*

Ist infolgedessen nicht auch eine Gesellschaft, die Gefühlen keinen Raum gibt und alles kollektiv nur nach rein wissenschaftlich-rationalen Gesichtspunkten beurteilen möchte, gar nicht mehr in der Lage, ein selbstreferentielles Leben, das keiner rationalen Logik gehorcht, verstehen zu können?

Früher waren es mehr Kinder, die das Alter absichern sollten, heute ist es mehr Vermögen oder Reichtum. Dabei blieb und bleibt die Erde als Wesen (Gaia) und letztlich auch als Partner völlig unberücksichtigt. Wir leben in einer Symbiose mit der Erde, die anscheinend auch Gefühle hat, die wir aber nicht verstehen oder verstehen wollen. Es ist allerhöchste Zeit, umzudenken!

Mein Vater pflegte zu sagen, dass es mehr Dinge zwischen Himmel und Erde gibt, als wir uns vorstellen können und dieses *mehr*, das wir uns nicht einmal vorstellen können, sollte uns immer als Mahnung dienen, unsere Ansprüche nicht zu übertreiben und unser Wissen und unsere Rationalität nicht zu überschätzen.

Berlin, im Juli 2023

Günter Hiller

Inhalt

Die Welt ist ein lebendiges Wesen

Paracelsus

1. Einleitung

Wenn man den Buchtitel erweitern wollte, könnte man auch schreiben: *Gott schuf die Zeit, von **Dauer** hat er nichts gesagt.* Dauer ist ein Begriff, der unserer Rationalität entgegenkommt, eine Dauer ist messbar und leicht zu verstehen. Bereits im Altertum gab es Sonnenuhren, die mit dem Sonnenstand korreliert wurden und erst später erkannte man, dass der Sonnenstand eine Folge der Erdrotation war.

Eine Dauer (t) lässt sich einerseits als Kehrwert einer Frequenz (f) verstehen (t = 1 / f), aber auch als Folge einer Verzögerung, der Tatsache, dass alle Geschwindigkeiten endlich sind und nichts außer dem *Nichts* gleichzeitig an zwei Orten sein kann. Es wird sofort deutlich, dass bei einer unendlichen Informationsgeschwindigkeit alle Informationen gleichzeitig überall wären, hier und dort, aber auch jetzt und später.

Da hier und dort Merkmale eines Raums sind und jetzt und später die Merkmale der Zeit, erkennt man sofort, dass Raum und Zeit bei einer unendlichen Informationsgeschwindigkeit gar nicht definiert wären, oder anders ausgedrückt, dass eine endliche Informationsgeschwindigkeit Voraussetzung für die Existenz von Raum und Zeit ist.

Mit anderen Worten könnte man auch sagen, dass es unsere Welt, so wie wir sie erleben, nur geben kann, weil es kein *unendlich* gibt. Der Begriff *unendlich* ist ein Kunstwort, das im Grunde nur die Grenzen unseres Verständnisses aufzeigt, die Grenzen unseres Verstehens, unserer Logik und unseres Auffassungsvermögens.

Ein unendlich in der Zeit bezeichnen wir als *ewig* und rein gefühlsmäßig erscheint mir persönlich ein ewig verständlicher als ein unendlich und das kann durchaus damit zusammenhängen, dass wir Zeit fühlen und nicht rational erfassen.

Im 17. Jahrhundert prägte René Descartes den berühmten Satz *ego cogito, ergo sum* (Ich denke, also bin ich), den er nach radikalen Zweifeln an der eigenen Erkenntnisfähigkeit als unerschütterliches Fundament (*fundamentum inconcussum*) formuliert und methodisch begründet: *Da es ja immer noch ich bin, der zweifelt, kann ich an diesem Ich, selbst wenn es träumt oder phantasiert, selber nicht mehr zweifeln.*

Im 20. Jahrhundert entwickelt der Neurologe Antonio Damasio in seinem Buch *Ich fühle, also bin ich* einen Gegenentwurf zu Descartes Ideen (Descartes' Irrtum), indem er den Fragen nachgeht, wie unser Gefühl für unser Selbst entsteht und warum wir fühlen, was wir sind.

Beide Sichtweisen haben ihre Berechtigung für uns Menschen, wir denken *und* wir fühlen und da wir Menschen selbst Geschöpfe der Evolution sind, stellt sich natürlich die Frage, warum wir gewissermaßen *zweigleisig* unterwegs sind und ob uns möglicherweise die Welt zu diesem Verhalten veranlasst.

Wenn man sich intensiv mit Evolution beschäftigt und bereit ist, unterschiedliche Evolutionsformen zu akzeptieren, die aufeinander aufbauen, dann sollte diese Zweigleisigkeit, dieser Dualismus bereits in der Natur verankert sein und die Welt sollte dann Ähnlichkeit mit einem Organismus haben.

Es bedarf schon einer ausführlichen Erklärung, wenn man trotz eines erfolgreichen Physikstudiums all das Gelernte rigoros in Frage stellt und zu der Einsicht kommt, dass die traditionelle Physik an allen Ecken und Enden fragwürdig und höchstens **gut genug** ist. Allerdings gibt es dafür nicht nur einen Grund, sondern eine ganze Reihe von Gründen.

Es fängt damit an, dass ich Physik studiert habe, um die Welt so gut als möglich verstehen zu können und nicht um einen guten Abschluss als Sprungbrett für eine spätere Karriere zu nutzen. Ich wollte Zusammenhänge erkennen können und nicht die Antworten auf Prüfungsfragen auswendig lernen. Dinge, die ich nicht verstanden hatte und habe, kamen zur Wiedervorlage auf eine gesonderte Liste. Als einigermaßen intelligenter Student kann man schon unterscheiden zwischen dem, was die Professoren hören wollen und dem, was man selbst für wichtig erachtet.

So war es nur eine logische Entscheidung, dem Universitätsbetrieb den Rücken zu kehren, um mehr von der Welt zu sehen. Im Nachhinein betrachte ich es als Glücksgriff, dass ich bei der Firma Schlumberger in der Erdölbranche arbeiten konnte, weil sich dadurch mein Dunstkreis enorm erweiterte. Ich lernte nicht nur fremde Kulturen kennen, sondern auch viele Facetten der Geophysik und Geologie bis hin zur Paläontologie.

Allein die Vorstellung, dass Pflanzen nach ihrem Absterben zunächst vertorfen und danach allein durch Druck zu Braunkohle, Steinkohle, Graphit und Diamanten gepresst werden können, lässt schon erahnen, dass Diamanten gar nicht so tot sein können, wie es die Physik und die Physiker gerne sehen wollten. Und Erdöl und Erdgas gibt es tatsächlich deshalb, weil sich unzählige anaerobe Bakterien auf Kohle als Energielieferant spezialisiert haben.

Zur gleichen Zeit, in den 70er Jahren des vorigen Jahrhunderts, als ich meine ersten Schritte in der Geophysik absolvierte, entwickelte auch James Lovelock sein Gaia-Konzept, in dem er die Erde als Organismus betrachtete. Offiziell meinte er damit nur die Biosphäre, denn Physik war immer noch die *Wissenschaft der toten Materie*. Allein diese Lehrmeinung anzuzweifeln, konnte bereits dazu führen, von der wissenschaftlichen Gemeinschaft als *Spinner* abgekanzelt zu werden.

Ich weiß nicht, ob sich diese Meinung verändert hat, denn bis heute vertrauen noch viele Kosmologen und Astrophysiker auf die logischen und rationalen Prinzipien, die der Physik und Mathematik zugrunde liegen. Die klassische Physik der *toten Materie* basiert auf einer Eindeutigkeit und damit letztlich auch Alternativlosigkeit der Naturgesetze. Dem stehen zwei grundsätzliche Überlegungen entgegen, die nichts mit Physik im engeren Sinn zu tun haben, zum einen ein Verständnis der Evolution und zum zweiten der Information.

Evolution und Perfektion schließen sich gegenseitig aus! Eine Evolution kann sich gar nicht aus einem perfekten System heraus entwickeln. Die Perfektion wurde aber zumindest im Monotheismus einem allwissenden und allmächtigen Gott zugeschrieben. Das ist natürlich nur eine Spekulation, die allerdings etliche Anhänger gefunden hat. Dieser Gott könnte aber genauso gut auch neugierig und lernfähig sein und bereit, alles Mögliche zu probieren. Aber auch das ist nur eine Spekulation, die aber der vorhergehenden Spekulation nicht nachsteht! Würde man das Universum als Ganzes als Gott betrachten, hätte man beide Spekulationen vereint. Gott wäre dann zwar nicht allmächtig und allwissend, aber er würde alle Macht und alles Wissen repräsentieren und könnte gleichzeitig lernwillig und neugierig sein.

Das Universum könnte alles ausprobieren und die jeweils vorteilhafteren Lösungen belohnen, ohne etwas ausschließen zu müssen! Das ist das eigentliche Prinzip des Wettbewerbs, nichts zu bestrafen, sondern nur Vorteile mehr oder weniger zu belohnen, je größer die Vorteile, umso größer die Belohnung. Solch ein evolutionärer Wettbewerb schließt von vorne herein Perfektion aus! Diese Interpretation von Wettbewerb schließt *Strafen* kategorisch aus, die einzige Strafe ist eine geringere Belohnung. Dieses Verständnis wird sofort deutlich, wenn man sich dem Informationsbegriff nähert.

2. Information und Veränderung

Da stellt sich zunächst die Frage, welche Bedingungen erfüllt sein müssen, damit man überhaupt von einer Information sprechen kann. Nach meinem Dafürhalten müssen drei Bedingungen erfüllt sein:
1. Die Information muss einen Inhalt haben
2. Die Information muss irgendwie empfangen werden
3. Es muss Alternativen geben

1. Ohne Inhalt wäre die Information eine leere Information, aber dieser Inhalt muss notwendigerweise eine Konsequenz haben und dafür ist uns aus der Physik der Begriff *Trägheit* geläufig. Die Trägheit des Informationsinhalts ist für eine **endliche** Informationsgeschwindigkeit verantwortlich, die wiederum die Voraussetzung für Raum und Zeit ist. Zur Erinnerung: Wäre die Informationsgeschwindigkeit unendlich, wären alle Informationen gleichzeitig hier und dort und auch jetzt und später. Hier und dort sind die Merkmale des Raums und jetzt und später die Merkmale der Zeit. Raum und Zeit sind letztlich die Konsequenz einer endlichen Informationsgeschwindigkeit, die wiederum eine Gleichzeitigkeit begrenzt!
2. Eine Information muss empfangen werden, sie muss etwas bewirken, andernfalls ist sie sinnlos. Bedeutsam bei dieser Aussage ist, dass der Ursprung der Information keine Relevanz besitzt, denn ohne einen Ursprung gäbe es gar keine Information. Schon Max Planck musste zur Beschreibung der Strahlung eines *Schwarzen Körpers* eine gequantelte Hilfsgröße h einführen, das Plancksche Wirkungsquantum. Die Konsequenz eines Wirkungsquantums wird zumeist übersehen. Eine Wirkung kann **nur** beim Empfänger verursacht werden und

damit ist die Struktur des Empfängers für die Quantelung verantwortlich und **nicht** der Ursprung oder Sender.

Bei uns Menschen muss beispielsweise ein Neuron aktiviert werden und diese Neuronen bewirken letztlich die Quantelung. Als Beispiel kann ein Haus mit mehreren Stockwerken dienen. Wenn man einen Ball hochschießt, bleibt er auf dem Stockwerk liegen, für das die Energie ausreichend war. Dabei ist es egal, ob die Energie 4,2 oder 4,7 Stockwerken entspricht, der Ball bleibt im 4. Stockwerk liegen! Was mit dem Rest passiert (0,2 oder 0,7) ist aus Sicht des Empfängers nicht zu beantworten. Man erkennt sofort, dass das alte physikalische Prinzip von actio gleich reactio nur ein extremer Sonderfall sein kann und damit auch mathematische Gleichungen ihre Bedeutung verlieren.

Wenn man zudem den Empfang einer Information auch als eine Information betrachtet, dann ist dieser Empfang eine Bedingung dafür, dass Informationen nicht *aussterben*, also ein Indiz für ihr *Überleben!*

3. Damit eine Information eine Relevanz besitzt, muss es Alternativen geben. Wenn alle Wände weiß wären, wäre die Aussage *Die Wand ist weiß* keine relevante Information. Dieser Punkt wird meistens nicht berücksichtigt, passt aber zu einer toten Materie, denn tatsächlich ist nur der Tod alternativlos. In unserer Welt gibt es aber immer Alternativen und genau diese Alternativen sind die Grundessenz des Lebens und je mehr Alternativen verfügbar sind, umso reichhaltiger ist das Leben. Ein Organismus zeichnet sich genau dadurch aus, dass alternative Reaktionen möglich sind!

Neben den Bedingungen, die eine Information erfüllen muss, um als solche zu gelten, also der Frage, was eine Information ausmacht, stellt sich dann natürlich die Frage, warum es überhaupt Informationen gibt. Diese Frage ist für das *Wesen* einer Information nicht relevant, aber um das Bild zu vervollständigen, muss man auch der Frage nach dem *Ursprung* einer Information nachgehen, muss man den Grund für eine Information suchen. Die Antwort erscheint zunächst ziemlich einfach, würde sich die Welt nicht verändern, wären Informationen unnötig, eine Information ist somit ein Ausdruck von Veränderung.

Aber wie lässt sich eine Veränderung beschreiben? Eine Veränderung ist letztlich immer eine Zustandsänderung und ist daher ohne einen Zustand selbst gar nicht vorstellbar. Die abstrakteste und einfachste Vorstellung ist ein Bit, das nur zwei Zustände haben kann, 0 und 1. In diesem einfachen Fall gibt es nur eine Alternative. 0 und 1 sind Zustände, die sich als Zustände in einem Raum begreifen lassen. Eine Zustandsänderung erfolgt dann, wenn sich der Zustand von 0 zu 1 oder von 1 zu 0 verändert, sich in der Zeit ändert.

Hier tritt eine Besonderheit zutage, denn bei einem Bit ist nicht nur die Zustandsänderung eine Information, sondern auch der Zustand selbst, aber nur unter der Bedingung, dass sich dieser Zustand auch ändern kann! Allerdings gibt es eine fundamentale Einschränkung, die auch als Komplementarität bezeichnet wird. Der Zustand kann nur angezeigt werden, wenn keine Zustandsänderung stattfindet, also entweder Zustand (Raum) oder Zustandsänderung (Zeit), niemals beide gleichzeitig!

Zuvor haben wir gesehen, dass eine endliche Informationsgeschwindigkeit für Raum und Zeit verantwortlich ist, jetzt kommt noch die Erkenntnis hinzu, dass Raum und Zeit komplementär sind. Das ist insofern von Bedeutung, als sie die Vorstellung von Zeit als vierter Dimension in Frage stellt, dafür aber eine ganz neue Frage aufwirft. Warum nehmen wir Raum und Zeit als Kontinuum wahr, obwohl Raum und Zeit doch gar nicht gleichzeitig existent sein können (Komplementarität)?

Darauf gibt es glücklicherweise verschiedene Antworten. Zum einen ist die Welt kein Bit, sondern besteht aus vielen, vielen, wahrscheinlich fast unendlich vielen Entitäten, die im Gegensatz zu einem Bit mehr als eine Alternative haben. Ein Teil dieser Entitäten verharrt in ihrem Zustand, der andere Teil verändert seinen Zustand, gleichzeitig. Die Komplementarität bezieht sich nur auf einzelne Entitäten, nicht auf die Gesamtheit. Zum anderen ist durchaus denkbar, dass die Zustandsänderungen so schnell sind, dass sie von uns nicht aufgelöst werden können.

Veränderungen, Zustandsänderungen können sich immer nur auf einen bereits zuvor vorhandengewesenen Zustand beziehen, sind letztlich selbstreferentiell. Der vorangegangene Zustand *muss* anders gewesen sein, sonst gäbe es keine Information, aber es muss ein *Zustand* gewesen sein! Der vorangegangene Zustand kann für eine komplexe Struktur nicht wahrnehmbar gewesen sein, weil deren Auflösungsvermögen dafür nicht ausreichte, dann spricht man von *Emergenz*, die aber nicht aus dem *Nichts* entsteht. Wir können zwar erklären, warum es Veränderungen und somit Informationen gibt, aber nicht, warum es überhaupt *Zustände* und *Zustandsänderungen* gibt!

Wieder stoßen wir auf einen Begriff, den wir nicht erklären können: *Nichts!* Manche Menschen verwechseln *Nichts* mit einem leeren Raum oder Vakuum, aber auch ein leerer Raum ist bereits Raum und ein Vakuum ist eher ein luftleerer Raum, der durchaus etwas Unbekanntes enthalten könnte. *Nichts*, *unendlich* und *ewig* sind Begriffe, die wir nicht verstehen können, somit auch dort angesiedelt sind, wo wir den Begriff *Gott* verorten, wenn wir unter *Gott* das Unerklärliche verstehen.

3. Systeme

Zusammenfassend kann man bisher sagen, dass es recht unwahrscheinlich ist, einer Welt, die in Teilen evolutionär, unvollständig und nicht eindeutig ist, als Ganzes eine Vollkommenheit zuzuschreiben. Prinzipiell ließe sich das mit einer Anti-Welt lösen, die gerade alle Unvollständigkeiten ergänzt oder kompensiert. Das ist dann aber keine ernsthafte Wissenschaft, sondern Science fiction oder Religion.

Wissenschaftlich fundiert ist jedoch die Tatsache, dass unser Auflösungsvermögen für eine begrenzte Wahrnehmung unserer Umwelt verantwortlich ist. An diesem Punkt möchte ich Niklas Luhmann zitieren, der das in seiner *Einführung in die Systemtheorie* exzellent darstellte: *Systeme müssen die Vielzahl der möglichen Einwirkungen so einschränken, dass sie mit dem Wenigen, was sie zulassen, etwas anfangen können. Abstrakt formuliert heißt das: Reduktion von Komplexität ist Bedingung der Steigerung von Komplexität.*

In unserer bewährten Logik erscheint diese Argumentation als Widerspruch. Wenn man jedoch die Bemerkung von Niklas Luhmann aufmerksam liest, bleibt eine Frage unbeantwortet: Was ist eigentlich ein System? Kann man sowohl Menschen als auch Steine als Systeme betrachten? Sind nicht alle Kategorisierungen irgendwie willkürlich? Sind nicht bereits Wissenschaften in ihrer Formulierung willkürlich? Ich denke, da unterscheiden sich Naturwissenschaften nicht von Rechtswissenschaften, es werden Grenzen festgelegt, wohl überlegt und wohl bedacht, aber dennoch letztlich willkürlich.

Niels Bohr formulierte das auf seine Art: *Verstehen heißt Vereinfachen!* Wenn man eine Kategorisierung als Vereinfachung begreift, dann hilft sie uns beim Verständnis, kann aber nicht darüber hinwegtäuschen, dass wir nur die Vereinfachung verstehen. Das ist letztlich der Kern des Agnostizismus. Wir müssen etwas Vereinfachen, um es verstehen oder **glauben** zu können (glauben zu können, dass wir es verstanden haben), müssen aber dennoch an der Allgemeingültigkeit dieser Vereinfachung *zweifeln!*

Ich habe deshalb auch ein Buch betitelt: *Zum Zweifeln geboren, zum Glauben verdammt.* Die Begriffe *Wissen* oder *gesicherte Erkenntnis* kommen darin nicht vor. Die Entwicklungspsychologin Allison Gopnik verwendete den Begriff *Laternenblick* für das Verhalten von Kindern, die mit allem spielen, was sie in die Finger bekommen. Erwachsene tendieren infolge der gestiegenen Erwartungen mehr und mehr zu einem Scheinwerfer, dessen Richtung durch die *gesicherten Erkenntnisse* vorgegeben wird. Das erinnert zuweilen an den Mann, der unter einer Laterne nach seinen Schlüsseln sucht. Ein Passant, der ihm behilflich sein möchte, fragt ihn freundlich, wo er denn die Schlüssel verloren habe. "Da hinten" antwortet der Mann und warum suchen sie dann hier, fragt der Passant. "Weil es hier hell ist!"

Nach Allison Gopnik können Kinder bereits im Alter von 3 bis 4 Jahren Ursachen und Wirkungen unterscheiden und diese Fähigkeit ist im Alter ungebrochen. Wissenschaften lassen sich durchaus als Ursachenforschung verstehen. In der Physik sucht man nach den Ursachen einer Wirkung und stellt das als Theorie dar. Ein Arzt versucht die Ursache von Symptomen zu ermitteln und man bezeichnet das als Diagnose. Historiker untersuchen geschichtliche Zusammenhänge...

Dabei sind alle Wissenschaften auf Vereinfachungen angewiesen, weil sie die Vielzahl der möglichen Einwirkungen so einschränken müssen, dass sie mit dem Wenigen, was sie zulassen, etwas anfangen können (N. Luhmann). Es ist schlicht unmöglich, alle Einwirkungen zuzulassen.

Die Evolution hat uns Menschen von Natur aus mit einem begrenzten Auflösungsvermögen ausgestattet, damit die Vielzahl der möglichen Einwirkungen von vorne herein eingeschränkt ist. Dass auch eine Verbindung zwischen Auflösungsvermögen und Eindeutigkeit besteht, lässt sich bereits mit einem einfachen Beispiel demonstrieren, mit einer einfachen Gleichung: $7 + 7 = 14$. Liest man diese Gleichung von links nach rechts ist sie richtig und eindeutig. Liest man sie dagegen von rechts nach links, ist sie auch richtig, aber nicht mehr eindeutig, denn 14 könnte auch $6 + 8$ oder $5 + 9$ sein, um nur 2 Beispiele zu nennen. Aber wann wäre diese Lesart auch eindeutig? Nur dann, wenn 7 die kleinstmögliche Zahl wäre oder wir kleinere Zahlen nicht wahrnehmen könnten, wenn unser Auflösungsvermögen nicht ausreicht! Unser mangelhaftes Auflösungsvermögen kann uns eine Eindeutigkeit vorgaukeln, die tatsächlich gar nicht gegeben ist.

Das Beispiel zeigt aber ganz klar, dass komplexe Ursache-Wirkung-Ketten niemals eindeutig sein können, eine eindeutige Rückverfolgung unmöglich ist und damit auch die Vergangenheit fast genauso unbestimmt ist wie die Zukunft. Das hat nichts mit Physik zu tun. Wenn man schon für die recht einfache Zahl 14 so viele Zusammensetzungen angeben kann, die nicht nur aus 2 anderen Zahlen bestehen können, sondern maximal sogar aus 14 1en, dann zeigt das schon die Vielfalt der Alternativen, die wir nicht einfach wegwischen können!

Unser begrenztes Auflösungsvermögen zwingt uns bereits zu Vereinfachungen, auf die wir nur indirekt Einfluss nehmen können, indem wir technische Hilfsmittel entwickeln und in Anspruch nehmen, die unseren eigenen Sinnen überlegen sind. Der Stand der Technik kommt bereits zum Ausdruck, wenn man das allgemein anerkannte Internationale Einheitensystem (SI = *Système international d'unités*) in Abb. 1 betrachtet.

Basisgröße und Dimensionsname	Grö-ßen-symbol	Dimensi-ons-symbol	Einheit	Einhei-ten-zeichen
Zeit	t	T	Sekunde	s
Länge	l	L	Meter	m
Masse	m	M	Kilo-gramm	kg
Elektrische Stromstärke	I	I	Ampere	A
Thermodynami-sche Temperatur	T	Θ	Kelvin	K
Stoffmenge	n	N	Mol	mol
Lichtstärke	I_v	J	Candela	cd

Abb. 1: Internationales Einheitensystem (SI)

18

Auch dieses Einheitensystem ist letzten Endes ein System, auf das die Aussage von Niklas Luhmann zutrifft und Vereinfachungen aufweisen muss. Die ersten drei Einheiten entsprechen dem bekannten mks-System (Meter, Kilogramm, Sekunde) und sollen Raum, Masse und Zeit symbolisieren, stellen gewissermaßen die Basiseinheiten der Mechanik dar.

Und es sind genau diese drei Einheiten, die letztlich der klassischen Mechanik zum Durchbruch verhalfen, bei deren Auswahl aber ganz eindeutig die Erde und der Mensch Pate standen. Das Meter ist ähnlich wie ein Yard, eine Elle oder ein Fuß eine Maßeinheit, die auf uns Menschen zugeschnitten ist. Beim Kilogramm orientierte man sich an dem Gewicht einer Masse auf der Erde und ließ eine Differenzierung zwischen schwerer und träger Masse außer Acht.

Am schlimmsten trifft es aber die Zeit, denn eine Sekunde repräsentiert eine Dauer und keine Zeit. Die Sekunde ist aus der Rotation der Erde abgeleitet und entspricht in etwa der Frequenz des menschlichen Herzschlags. Eine Sekunde ist eine sehr plausible Einheit, aber eben nicht der Zeit, sondern einer Dauer. In der Physik benötigt man verlässliche Größen, die möglichst einfach zu messen sind, aber sie sollten schon das repräsentieren, wofür sie stehen!

Der Gedanke ist nicht abwegig, dass wir Zeit tatsächlich nur fühlen können. Zeit hat für uns Qualitäten, die sich außer einer Dauer nicht quantitativ darstellen und messen lassen. Wenn wir also die Zeit auf eine rationalisierte Dauer reduzieren, dann reduzieren wir auch den Organismus Welt auf ein komplexes Uhrwerk, auf ein emotionsloses *Gewerk*.

Wir können dann zwar dieses Gewerk wunderbar rational erklären, aber ist das tatsächlich die Welt, in der wir leben, lachen und glücklich sind? Sind wir selbst nicht rational **und** emotional und Geschöpfe dieser Welt?

Ist unser Leben nicht stark von Zufällen geprägt, von Zufällen, die wir zulassen und zulassen müssen, von Zufällen, die nicht rational erklärbar sind? Warum hören wir so gerne Geschichten, deren Ausgang wir noch nicht kennen? Warum genießen wir sportliche Wettkämpfe, deren Ausgang nicht vorhersehbar ist?

Ich habe zuvor die abstrakte Formulierung von Niklas Luhmann erwähnt, *Reduktion von Komplexität ist Bedingung der Steigerung von Komplexität,* die sich noch abstrakter als *weniger ist mehr* formulieren lässt und einem völlig rationalen *mehr ist mehr* diametral widerspricht!

Der Großteil der Menschheit im Spätkapitalismus stellt inzwischen die kapitalistische Maxime *mehr ist mehr* immer mehr in Frage, scheitert aber an der emotionalen und qualitativen Frage, *was* reduziert werden sollte. Darauf gibt es eben keine rationale Antwort, man muss es einfach ausprobieren, so wie es auch die *Evolution* macht!

So machen wir es auch als Menschen, erst sammeln wir Erfahrungen, zufällig und emotional und erst im zweiten Schritt ziehen wir daraus rationale Schlussfolgerungen, die dann wiederum weitere Erfahrungen steuern. Wenn wir uns nicht immer wieder neuen Herausforderungen stellen, versinken wir irgendwann im Sumpf der Rationalität.

Wenn wir Menschen beides benötigen, Emotionalität und Rationalität, um die Welt verstehen zu können, dann ist die Annahme nicht abwegig, dass wir diesen *Dualismus* von der Welt geerbt haben. Die eine Welt (Monismus) hat unterschiedliche Eigenschaften (Dualismus), die sich gegenseitig ergänzen und bedingen (Komplementarität).

4. Komplementarität

Ganz allgemein werden zwei Begriffe als komplementär bezeichnet, wenn sie sich gegenseitig bedingen und ergänzen, aber nicht gleichzeitig abgerufen werden können. Als einfachstes Beispiel kann man ein Bit betrachten, dass entweder 0 oder 1 sein kann. Die Werte 0 und 1 symbolisieren hierbei alternative Inhalte, die irgendwie empfangen werden können. Damit sind alle drei Kriterien einer Information erfüllt, Inhalt, Empfang und Alternative.

Die Zustände 0 oder 1 repräsentieren dabei eine Information, die ich mal als Rauminformation bezeichnen möchte. Wenn sich jedoch der Zustand gerade ändert, also von 0 nach 1 oder von 1 nach 0, dann ist das aber auch eine Information, die ich mal als Zeitinformation bezeichnen möchte. Jetzt wird sofort deutlich, dass die sogenannte Rauminformation nicht gleichzeitig mit der Zeitinformation verfügbar sein kann. Wenn ein Zustand präsent ist, gibt es keine Zustandsänderung und wenn gerade eine Zustandsänderung stattfindet, ist keine Aussage über den Zustand möglich und umgekehrt.

Die Raum- und Zeitinformation sind folglich komplementär, denn sie bedingen und ergänzen sich auch gegenseitig auf Grund der 3. Bedingung für Informationen, der notwendigen Existenz von mindestens einer Alternative. In der realen Welt gibt es aber meistens mehr als nur eine Alternative und genau das ist das Merkmal von Vielfalt, von Evolution und Leben. Welche Alternativen möglich sind, ist letztlich für den Raum verantwortlich, wann sich Zustände ändern für die Zeit.

Infolge dieser Komplementarität von Raum und Zeit ist es völlig unsinnig, die Zeit als 4. Dimension zu postulieren und es ist vermutlich genauso unsinnig, Zeit auf eine eindimensionale Dauer zu reduzieren. In meinem Essay *Die Farben der Zeit* habe ich versucht, auf diesen Umstand hinzuweisen, wobei sofort einleuchten sollte, dass die verschiedenen Zeitachsen in der Zeit selbst zu suchen sein sollten.

Friedrich Cramer hat in seinem Buch *Der Zeitbaum* die Ansicht vertreten, dass die kulturelle Evolution um ca. eine Million Mal schneller ist als die biologische Evolution. Daraus könnte man folgern, dass die kulturelle und biologische Evolution auf unterschiedlichen Zeitachsen unterwegs sind und eine physikalische oder kosmische Evolution wiederum auf anderen Zeitachsen unterwegs sein müssten. Es ist auch denkbar, dass diese Zeitachsen gekrümmt sind, was insbesondere bei der kulturellen Evolution evtl. sogar nachweisbar sein könnte.

Spätestens an diesem Punkt endet empirische Wissenschaft und es beginnt eine spekulative Wissenschaft. Ich bin immer sehr skeptisch bei mathematischen Modellen, die zwar mathematisch-logisch nachvollziehbar sein mögen, aber doch eher der menschlichen Psyche geschuldet sind als empirischen Erkenntnissen. Für mich stellt sich dann immer wieder die vielleicht abstruse Frage, wo denn die Welt höhere Mathematik studiert haben könnte. Evolution ist eigentlich eher für das Probieren als für das Studieren bekannt.

Komplementarität lässt sich in einem Satz zusammenfassen. Wenn ein Zustand ist, kann er sich nicht verändern und wenn sich ein Zustand verändert, kann er nicht sein! In der Antike war die Unkenntnis der Komplementarität das Thema des philosophischen Streits zwischen Heraklit aus Ephesos (panta rhei) und Paramenides aus Elea (Unwandelbarkeit des Seins). Ein kritischer Betrachter der Philosophie befand: *Philosophie ist der systematische Missbrauch einer eigens zu diesem Zwecke erfundenen Nomenklatur.*

Im philosophischen Kontext ließe sich Komplementarität auch als Symbiose von *Sein* und *Werden* verstehen und würde damit den Begriff der Symbiose aus dem ursprünglich biologischen Kontext herauslösen. Jede Veränderung setzt ein Sein voraus und jede Information setzt eine Veränderung voraus. Das lässt den Schluss zu, dass ein unveränderliches Sein gar nicht wahrnehmbar wäre!

Dieser Schluss wird häufig fälschlicherweise als *anthropisches Prinzip* bezeichnet, eine Bezeichnung, die nur Sinn macht, wenn man den Menschen als *Krone der Schöpfung* betrachtet. Warum haben wir das getan? Lee Smolin drückt das folgendermaßen aus: *Der Mensch ist ein Meister in der Kunst, Schlüsse aus unvollständigen Informationen zu ziehen.*

Und ist es nicht genau diese Unvollständigkeit der Informationen, die uns dazu zwingt, einerseits zu glauben und andererseits zu zweifeln, (weil wir nicht alles wissen können)? Wenn aber Komplementarität eine Folge unvollständiger (nicht gleichzeitiger) Informationen ist, dann sind Evolution und Zeit selbst die Ursachen und somit auch unsere Logik nicht hinreichend! (Gödel). Wenn aber die Welt evolutionär ist, kann dann eigentlich die *Welt* selbst alles wissen?

Ein anderer Aspekt der Komplementarität ist das im vorhergehenden Kapitel abgeleitete *weniger ist mehr*. Diese Prämisse wird erst verständlich, wenn man in Qualitäten denkt, die quantitativ nicht fassbar sind. Das einfachste Beispiel dafür sind unsere Märkte mit ihrem monetären System. Der quantitative Preis eines Produkts ergibt sich aus einem Wechselspiel von Angebot und Nachfrage, aus einem Wechselspiel von Vor- und Nachteilen.

Der veränderliche Preis eines Produkts ergibt sich aus einer Asymmetrie von Vor- und Nachteilen, aus einer Asymmetrie von Angebot und Nachfrage, die sich zudem noch ständig ändert. Derartige Märkte gibt es aber nicht nur in unserer Kultur, sondern auch in der Natur, im Universum und im Elektromagnetismus, nur nennt man sie dort nicht Märkte, sondern Evolution.

Ich habe die Begriffe Kultur, Natur, Elektromagnetismus und Universum (Kosmos) bewusst gewählt, weil es in all diesen Bereichen eine Form von Evolution gibt, die ihren jeweils spezifischen Charakter hat. Die biologische oder kulturelle Evolution sind somit nur Teilbereiche eines viel allgemeineren Evolutionsprinzips, auf das ich immer wieder hingewiesen habe.

Jeder Evolutionsform sollte aber ein charakteristisches Merkmal zugrunde liegen, an der sich diese Evolutionsform erkennen lässt. Bei der biologischen Evolution sind das beispielsweise Zellen oder Gene, bei der kulturellen Evolution hingegen Ideen oder Meme. Dabei ist die Wahl der Begriffe eher zweitrangig, solange der Mechanismus deutlich wird.

In der Physik lassen sich durchaus elektrische Ladungen und der daraus resultierende Elektromagnetismus als Charakteristika ausmachen, im Kosmos könnte es die Gravitation sein. Raum, Zeit und Gravitation sind Parameter, die irgendwie jenseits der Physik angesiedelt sein müssen, denn es gibt meines Wissens keine physikalischen Experimente, in denen einer dieser drei Parameter als echte, von uns Menschen beeinflussbare Variable in Erscheinung tritt.

Wenn jedoch Raum und Zeit komplementär sind, nur abwechselnd in Erscheinung treten, dann muss es sich bei dieser Konstellation um einen Organismus handeln, allerdings um einen Organismus, auf den wir keinen Einfluss ausüben können. Dieser Organismus muss leben, aber in einem ganz anderen Zeitrahmen und Kontext als alle uns geläufigen Prozesse.

5. Evolution

Dieses Kapitel beschäftigt sich nicht mit der biologischen oder kulturellen Evolution, darüber gibt es genug Veröffentlichungen und viele kluge Bücher, in diesem Kapitel geht es vor allem um das Verhältnis dieser beiden Evolutionsformen zueinander und welche Rückschlüsse auf andere Evolutionsformen das erlaubt.

Friedrich Cramer hat in seinem Buch *Der Zeitbaum* ausgeführt, dass die kulturelle Evolution um einen Faktor in der Größenordnung von einer Million schneller ist als die biologische Evolution. Festgemacht hat er das an der Entwicklung des Menschen und seiner Kultur in den letzten 500 Jahren. Es geht jedoch nicht um den Faktor, sondern um die Größenordnung, da sich auch die Evolutionsgeschwindigkeit selbst verändert und sogar Sprünge aufweist.

Die relative Langsamkeit der biologischen Evolution ist tatsächlich dafür verantwortlich, dass sie erst im 19. Jahrhundert entdeckt wurde. Mutationen lassen sich erst erkennen, wenn die betrachteten Zeiträume lang genug sind. Als einer der ersten widersprach Jean-Baptiste de Lamarck der Bibel mit seiner Behauptung, dass die Erde mindestens einige Millionen Jahre alt sei müsse, etwa zeitgleich mit Alexander von Humboldts Naturkunde (Kosmos), bis hin zu Darwins Finken (Anpassung durch Veränderung - Mutation).

Ich habe diese Vorstellung weiterentwickelt und mich gefragt, ob wir eine noch viel langsamere Evolution, beispielsweise eine physikalische Evolution, überhaupt bemerken könnten, noch dazu mit physikalischen Messmethoden, die ja den gleichen Veränderungen unterliegen würden. Biologen erkennen zunehmend, dass man einen Organismus nur verstehen kann, wenn man die Phasen seiner Entwicklung kennt! Gibt es in der Physik Phasen der Entwicklung?

Diese Phasen der Entwicklung muss es geben, wenn es eine physikalische Evolution geben sollte und dafür gibt es gute und plausible Gründe. Es ist schlicht unmöglich, dass sich beispielsweise eine biologische Evolution überhaupt aus einem starren und perfekten, aus einem unveränderlichen System heraus entwickeln kann. Es muss auch in dem übergeordneten System Veränderungsmöglichkeiten geben, aber weitaus weniger als in dem System selbst.

Die Anzahl der Veränderungen pro Zeiteinheit repräsentiert die Evolutionsgeschwindigkeit, aber diese Zeiteinheit ist beliebig und hängt letztlich von der Anzahl der Veränderungen selbst ab. Zeit lässt sich somit als Maß der Veränderung verstehen und ist diesbezüglich selbstreferentiell. Wenn es keine Veränderungen gäbe, wäre Zeit überflüssig! Bei periodischen Veränderungen kann man eine Periode als Dauer definieren, aber diese Dauer bezieht sich allein auf diese spezifische Periode.

In einem vorgegebenen System kann man natürlich eine spezifische Periode zur Master-Periode küren und alle anderen periodischen Veränderungen an dieser einen messen. Das macht aber nur Sinn, wenn zwischen dieser Master-Periode und einer beliebigen anderen Periode ein funktionaler Zusammenhang besteht, der sich auch in irgendeiner Form empirisch nachweisen lässt. Interessant wird diese Fragestellung, wenn sich beispielsweise die Periodendauer auf eine andere Größe zurückführen ließe, beispielsweise die *Trägheit*.

Um eine Evolutionsform bemerken zu können, benötigt man eine vergleichsweise stabile Referenz. Für die kulturelle Evolution ist diese Referenz die Biologie und für die biologische Evolution beispielsweise die Physik. Um nun eine physikalische Evolution überhaupt bemerken zu können, benötigt man eine vergleichsweise noch stabilere Referenz, die dann nur eine kosmische Evolution sein könnte. Und da wird die Sache spannend. Eine physikalische Evolution müsste sich zur kosmischen Evolution ganz ähnlich verhalten, wie sich die kulturelle Evolution zur biologischen Evolution verhält. Die kulturelle Evolution basiert auf der biologischen Evolution derart, dass es auch ohne Menschen keine menschengemachte Kultur oder Technologie geben kann! Das zum Thema *künstliche Intelligenz*.

Demnach gäbe es aber auch ohne Kosmos keine Physik. Da stellt sich die Frage, welche in der Physik verwendeten Parameter gar nicht in der Physik selbst verankert sind, sondern einen kosmischen Ursprung haben könnten. Da fällt mir zunächst die Gravitation ein, die um rund 30 Zehnerpotenzen kleiner ist als alle physikalischen Messgrößen. Die Gravitation scheint irgendwie aus der Physik gefallen zu sein! Wir nehmen die Gravitation als Erdanziehung wahr und haben dafür einen 6. Sinn, den Gleichgewichtssinn im Mittelohr entwickelt.

Der Gleichgewichtssinn gilt als innerer Sinn und macht deutlich, dass wir Gravitation nicht primär wahrnehmen können. Für das Erkennen unserer Umwelt, nicht der Welt als solcher, haben sich unsere Sinne entwickelt, 5 äußere Sinne (Sehen, Hören, Riechen, Schmecken, Tasten) und einige innere Sinne (je nach Autor bis zu 15), von denen der Gleichgewichtssinn auf jeden Fall einen Bezug zur Außenwelt hat. Außer dem Sehen sind alle Sinne auf das mehr oder weniger nähere Umfeld begrenzt. Die Physik hat uns gezeigt, dass Licht nur ein Teil des elektromagnetischen Spektrums ist und uns die ganze Bandbreite dieses Spektrums eröffnet.

Man könnte somit Physik auch als diejenige Evolutionsform betrachten, die im weitesten Sinn auf Elektromagnetismus, auf elektrischen Ladungen, auf Ladungstrennung beruht. Dabei ist durchaus erwähnenswert, dass Protonen oder das Wasserstoffatom den Neutronen größenmäßig sehr ähnlich sind und scheinbar Ladungstrennung erst ab dieser Größe relevant wird. Das ist physikalisch nicht beweisbar, weil Neutronen elektromagnetisch nicht sichtbar sind (dunkle Materie?). Demnach könnte Ladungstrennung eine Emergenz der Materie darstellen, die unter bestimmten Bedingungen auftreten kann, dann, wenn die notwendigen Voraussetzungen erfüllt sind. Ladungstrennung stellt also eine regionale und keine universelle Eigenschaft dar.

Bei dieser Betrachtungsweise ließe sich die physikalische Evolution als Emergenz einer kosmischen Evolution betrachten, die biologische Evolution als Emergenz der physikalischen Evolution und schließlich die kulturelle Evolution als Emergenz der biologischen Evolution. Dabei sind die emergenten Evolutionsformen jeweils schneller und regionaler (lokaler) als die übergeordneten Evolutionsformen. Ein ähnliches Bild ergibt sich auch bei der Betrachtung physikalischer Kräfte oder Wechselwirkungen.

Wenn man die Logik von physikalischen Kräften verstehen möchte, sollte man zunächst einmal von einer primären Kraft ausgehen. Damit eine weitere Kraft wirksam sein kann, muss sie prinzipiell größer sein als die primäre Kraft, aber sie muss auch eine geringere Reichweite haben. Warum? Hätte die sekundäre Kraft die gleiche Reichweite wie die primäre Kraft, würde sie diese überall überstrahlen und damit wäre die primäre Kraft gar nicht mehr wahrnehmbar! Andererseits macht aber eine sekundäre Kraft überhaupt nur Sinn, wenn bereits eine primäre Kraft existiert.

Die primäre Kraft muss bereits vorhanden sein, damit eine sekundäre Kraft einen Sinn ergibt, die primäre Kraft muss gewissermaßen *älter* sein als die sekundäre Kraft. Wenn beispielsweise eine primäre Kraft eine vereinigende Wirkung hätte, also als Affinität oder Anziehung von *Massen* interpretiert werden könnte, würde das eine Verklumpung von Massen zur Folge haben. Um eine totale Verklumpung zu verhindern, müssten sich Massen folglich irgendwann irgendwie dagegen wehren.

Eine Möglichkeit wäre eine sekundäre Kraft mit einer abstoßenden Wirkung, die zum einen stärker ist als die primäre Anziehung, aber auch eine geringere Reichweite aufweist. Diese sekundäre Kraft wäre allerdings nur vonnöten, wenn die Wirkung der primären Kraft einen bestimmten Schwellenwert überschreitet. Diese Überlegung setzt allerdings voraus, dass die primäre Anziehung zum einen von den Massen selbst und zum anderen von deren Abstand zueinander abhängig ist. Genau diese Voraussetzungen erfüllt aber die Gravitation gemäß dem Newtonschen Gravitationsgesetz.

Die Gravitation als primäre anziehende Kraft wäre demnach Voraussetzung für eine sekundäre abstoßende Kraft, die beispielsweise durch eine Ladungstrennung realisiert werden kann (Protonen). Anscheinend tritt Ladungstrennung aber erst auf, wenn Masseklumpen eine gewisse Größe erreicht haben (Neutronen). Diese Größe lässt sich als unterer Schwellenwert betrachten, ab dem Ladungstrennung praktikabel ist. Wenn jedoch infolge weiterer Verdichtung die Gravitation noch stärker wird, kann ein zweiter Schwellenwert erreicht werden, ab dem auch Protonen fusionieren und neue chemische Elemente bilden. Um diese zusammenzuhalten, wird nun wieder eine neue vereinigende Kraft benötigt, größer als die abstoßende Kraft der Protonen, mit einer noch geringeren Reichweite, die uns als Kernkraft geläufig ist.

In der klassischen Physik wird die Ursache der Gravitation der Masse zugeschrieben und nach den Newtonschen Gleichungen ist diese Masse sowohl für die Massenanziehung als auch für die Massenträgheit verantwortlich. Man spricht deshalb auch von schwerer und träger Masse. Die entscheidende Frage, die nie wirklich beantwortet wurde, betrifft die Massenanziehung. Warum ziehen sich Massen an?

Das Newtonsche Gravitationsgesetz ist keine Antwort auf diese Frage und Einsteins Vorschlag, dass Massen den Raum krümmen, beantwortet die Frage auch nicht, sondern verschiebt sie nur in die Mathematik. Warum krümmen Massen den Raum? Mathematik ist eine Sprache, eine von Menschen gemachte Sprache und kann daher auch nur ausdrücken, was wir irgendwie verstehen können!

Ich habe versucht, schwere und träge Masse mit Hilfe von Informationen zu erklären. Dabei repräsentiert der Inhalt der Information eine Trägheit und die Notwendigkeit, empfangen zu werden, eine Affinität der Informationen zueinander. Das ist eine reine Plausibilitätserklärung, die niemals empirisch nachweisbar ist, weil sich diese Informationen in einer Welt bewegen, die elektromagnetisch nicht auflösbar oder sichtbar ist. Zur Erinnerung, die Gravitation ist in der Größenordnung von **30** Zehnerpotenzen kleiner als der Elektromagnetismus und da muss sich jede elektromagnetische Empirie geschlagen geben.

Aus einem elektromagnetischen Blickwinkel gibt es nur eine Masse mit zwei Eigenschaften, Affinität (Anziehung) und Trägheit, die nicht auflösbar sind und uns Masse somit als selbstreferentiell erscheinen muss, so wie auch Raum und Zeit. Die Physik hat der Welt Augen gegeben, die aber Raum, Zeit und Gravitation nicht sehen können! Wie schon gesagt, sind Raum, Zeit und Gravitation keine *physikalischen* Variablen, gehören also letztlich nicht zur Physik!

Diese Differenzierung zwischen Kosmos und Physik, die eine Folge des Evolutionsmodells ist, unterscheidet meine Vorstellungen von den gängigen Lehrmeinungen der Physik, Kosmologie und Astrophysik. Elektromagnetismus kann regional entstehen und vergehen und ist keine primäre kosmische Eigenschaft. Das ist auch nur eine Annahme, eine alternative Annahme, die keinesfalls schlechter sein kann als die alternativlose Annahme ewiger Naturgesetze.

Evolution schafft Lösungen, wo sie benötigt werden und nicht a priori. Wir Menschen beschäftigen uns auch nur mit real existierenden Problemen und wir sind Geschöpfe der Evolution! Wir beschäftigen und heute mit dem Problem einer globalen Überbevölkerung, das es vor 1000 Jahren gar nicht gegeben hat. Da gab es lokale oder regionale Überbevölkerungen, aber es gab immer Ausweichmöglichkeiten, Alternativen.

Evolution hat kein vorgegebenes Ziel, nur die Aufgabe, nicht auszusterben. Um diese Aufgabe zu erfüllen, setzt die Evolution auf Vielfalt und Wettbewerb, aber nicht um einen Sieger zu ermitteln, sondern einzig um vorteilhaftere Varianten von weniger vorteilhaften Varianten zu differenzieren und dem Wunsch nach einer Vielzahl erfolgreicher Alternativen gerecht zu werden. Da es langfristig hilfreich ist, erfolgreiche Versuche von weniger erfolgreichen zu unterscheiden, ist die Verbesserung des Gedächtnisses (Informationsspeichers) eine zwingende Notwendigkeit. Da bessere Gedächtnisse komplexere Strukturen erfordern, ist der Weg zur Komplexität vorgegeben.

Dass dieser Weg ein sehr holpriger ist, hat Niklas Luhmann in seiner *Einführung in die Systemtheorie* erklärt: *Destruktion bleibt immer möglich, und daran ist ablesbar, dass die Evolution, wenn sie immer voraussetzungsvollere strukturelle Kopplungen baut und benötigt, um die Systeme in ihrer Autopoiesis der Umwelt anzupassen, ihr eigenes Destruktions-*

potential steigert. Nur wenn nicht alles gleichzeitig auf das System einwirkt, sondern hochselektive patterns bereitliegen, kann das System auf Irritationen und Perturbationen reagieren, das heißt sie als Information verstehen und die Strukturen entsprechend anpassen oder Operationen entsprechend einsetzen, um die Strukturen zu transformieren.

Die Reduktion von Komplexität, das Ausschließen einer Masse von Ereignissen in der Umwelt von möglichen Einwirkungen auf das System ist die Bedingung dafür, dass das System mit dem Wenigen, was es zulässt, etwas anfangen kann. Oder ganz abstrakt formuliert: **Reduktion von Komplexität ist Bedingung der Steigerung von Komplexität.**

Diese abstrakte Formulierung besagt aber letztlich auch, dass Evolution keine Einbahnstraße ist, sondern eher einem Kreisverkehr ähneln muss, aber einem Kreisverkehr, bei dem häufig die Fahrbahn erneuert werden muss. So entstehen Ähnlichkeiten, die wir wahrnehmen und mit Gleichheiten verwechseln können, wenn wir nicht genau hinsehen oder infolge eines begrenzten Auflösungsvermögens nicht genauer hinsehen können.

Evolution hat aber die *Aufgabe*, nicht auszusterben und die kann am besten erfüllt werden, wenn sie sich auf bewährte Muster verlassen kann, die immer nur geringfügig angepasst werden können und müssen. Was Physiker als eherne Naturgesetze bezeichnen, sind wahrscheinlich nur bewährte Muster, die sich auf einer biologischen Zeitskala nur unmerklich verändern! Sie müssen sich jedoch verändern, weil es sonst keine physikalischen Informationen und somit auch keine Physik gäbe.

6. Kreisläufe und Recycling

Jede Veränderung ist eine Information, die empfangen werden **muss**, da sie sonst keine Information wäre! Es muss also von vorneherein Empfänger geben, die mit dieser Information auch etwas anfangen können. Da stellt sich natürlich automatisch die Frage, wie dieser Empfänger gestaltet sein müsste, damit er überhaupt etwas mit einer Information anfangen kann. Ich habe darauf keine Antwort, aber ein Philosoph würde darauf wahrscheinlich antworten, dass dieser Empfänger eine sehr rudimentäre Intelligenz besitzen müsste.

Zumindest sollte der Empfänger dazu fähig sein, *Erfahrungen* zu sammeln, aber was ist der Sinn von Erfahrungen, wenn man damit nichts anfangen kann? Bereits an diesem Punkt beginnen ein Kreislauf und ein Lernprozess, der sich ständig fortsetzen muss.

Vor fast 60 Jahren bekam ich diese Geburtstagskarte von einer Schulfreundin, deren Inhalt mich immer begleitet hat. Ich habe das Kleist zugeschriebene Zitat nicht gefunden, aber dennoch gefiel es mir, die Welt als eine Art Ring zu betrachten.

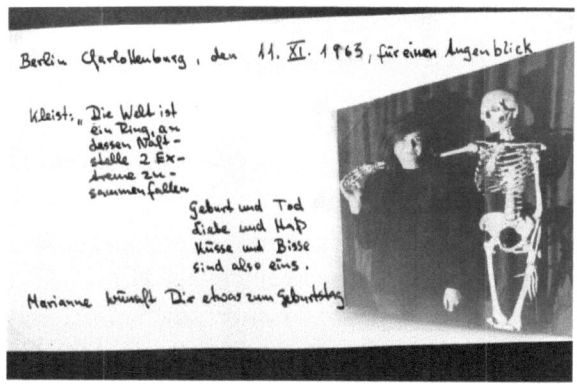

Natürlich kann eine evolutionäre Welt kein Ring sein, aber zwei Eigenschaften sind durchaus bemerkenswert. Ein Ring hat keinen Anfang und kein Ende und lässt sich auch nicht extrapolieren. Man kann den Ring zwar an jeder beliebigen Stelle aufschneiden, aber die Betonung liegt dabei auf *beliebig*, einem Begriff, der fast alle Sparten der Wissenschaft durchzieht. Alle Definitionen sind letztlich Konventionen, vielleicht plausible Konventionen, aber letzten Endes doch beliebige Konventionen.

Im besten Fall könnte man sich eine evolutionäre Welt als Spirale vorstellen, aber schon bei diesem sehr einfachen Modell benötigt man mindestens zwei Zeiten, eine horizontale und eine vertikale Zeit, die aber aus unserer Perspektive gar nicht zu differenzieren sind. Viel wichtiger ist allerdings die Tatsache, dass sich die Welt *nicht* extrapolieren lässt.

Wenn die Welt ein Organismus sein sollte, dann kann und muss sie unterschiedliche Stadien durchlaufen und wenn man allein die unterschiedlichen Stadien eines Schmetterlings betrachtet, kann man erkennen, wie unterschiedlich diese Stadien sein könnten.

Der Vorteil eines Kreislaufs wird deutlich, wenn ein System an einen Punkt gelangt, der Ähnlichkeiten mit einer früheren Situation aufweist. Dann kann das System auf frühere Erfahrungen und Lösungsmöglichkeiten zurückgreifen und gleichzeitig neue Alternativen ausprobieren. Kreisläufe haben den Vorteil, dass das Rad nicht ständig neu erfunden werden muss. Vielleicht ist das auch der Grund für sogenannte déjà vu.

Kreisläufe, sich wiederholende Kreisläufe oder ganz generell Wiederholungen könnten auch als Hinweise auf Lernprozesse gedeutet werden. Inzwischen sind selbstlernende Systeme nichts ungewöhnliches mehr und letztlich integraler Bestandteil einer künstlichen Intelligenz. Allein die Wahl des Begriffs *künstliche Intelligenz* charakterisiert bereits eine menschliche Denkweise, die im Altertum geprägt wurde.

Zu erwähnen bleibt hier der von Karl Jaspers geprägte Begriff der Achsenzeit, die Zeitspanne von 800 bis 200 v. Chr., in der fast gleichzeitig in vier voneinander unabhängigen Kulturräumen die philosophischen und technologischen Fortschritte gemacht wurden, die bis heute Grundlagen aller Zivilisationen sind. Nach Jaspers erfolgte in der Achsenzeit demnach die geistige Grundlegung der gegenwärtigen Menschheit. Sie brachte die Grundkategorien hervor, in denen der Mensch noch heute denkt, und damit den modernen Menschen überhaupt.

1. *Jainismus* und *Buddhismus* in **Indien**
2. *Daoismus* und *Konfuzianismus* in **China**
3. *Talmudisches Judentum* und *Zoroastrismus* im **alten Orient**
4. *Philosophien* im **antiken Griechenland**

Andere moderne Autoren charakterisieren diese große Revolution des Altertums als Entwicklung *Vom Mythos zum Logos* (Wilhelm Nestle), als *Die Entdeckung des Geistes* (Bruno Snell) oder als die *Die Geburt des Logos* (Arno Schmidt). Anzumerken ist allerdings, dass auch nicht weniger Gelehrte das Konzept der *Achsenzeit* vehement ablehnen und derartige Vorstellungen stattdessen in den Bereich der Esoterik verweisen.

Mir gefällt dabei besonders die Charakterisierung von Wilhelm Nestle *Vom Mythos zum Logos*, die auf mythologische Kulturen im Altertum hinweist, auf Götter oder einen Gott, die für alles verantwortlich zeichnen. Heute würde man so etwas als eine top-down Erklärung bezeichnen. Gott hat die Welt erschaffen und dafür stehen Begriffe wie *Genesis oder Urknall*, mit den Menschen als sein Ebenbild und der Folgerung, dass wir Menschen die Krönung der Schöpfung sind.

Diese Vorstellung durchzieht die Philosophie teilweise noch bis heute und erst seit wenigen Jahrzehnten hat sich die Wissenschaft auch mit der Intelligenz von Pflanzen beschäftigt, die Teil der Biologie und damit Teil der biologischen Evolution sind. Das erfordert natürlich eine andere Definition von Intelligenz und damit auch ein neues Denken. Wenn Materie gar nicht so tot ist, wie es sich Physiker gerne vorstellen, dann könnte auch Materie eine Form von Intelligenz besitzen und das müsste unser Weltbild revolutionieren.

Wenn Emotionen genauso zu unserer Welt gehören wie die Rationalität, dann kann unsere Ratio auch nur einen Teil der Welt beschreiben, den anderen Teil müssen wir fühlen. Vermutlich sind Rationalität und Emotionalität auch komplementär, so empfinde ich es jedenfalls persönlich, und diese Komplementarität, dieses gegenseitige Ausschließen hat uns dazu verleitet, die Welt rein rational erklären zu wollen.

Es ist normal, dass Menschen ihr eigenes Verhalten in den Vordergrund stellen und den Rest der Welt daran messen, insbesondere, wenn man von einer top-down Erklärung überzeugt ist. Diese Vorstellung ändert sich grundlegend, wenn man zu einer bottom-up Sichtweise tendiert, wie es beispielsweise ein Evolutionsmodell vorsieht. Ein Evolutionsmodell ist bereits zwingend auf eine rudimentäre Form von Intelligenz auf den primären Stufen angewiesen.

Diese Intelligenz steigert sich von einer Evolutionsform zur nächsten immer dort, wo die Voraussetzungen dafür vorhanden sind und der Zufall Pate steht. Jacques Monod hat mit seinem Buchtitel *Zufall und Notwendigkeit* bewusst auf die Macht des Zufalls Bezug genommen und genau für diesen Zufall gibt es scheinbar keine rationale Erklärung, wohl aber für eine Notwendigkeit. Aber was genau ist Zufall und gibt es eventuell doch eine rationale Erklärung?

Was ist überhaupt rational? Nach Wikipedia werden unter Rationalität jede Handlung und jedes Denken verstanden, deren Grundlage allein Verstand und Vernunft sind. Persönliche Glaubenssätze dürfen hierbei keine Rolle spielen. Das würde aber bedeuten, dass Verstand und Vernunft a priori Eigenschaften des Menschen sind, die sich nicht evolutionär entwickelt haben, sondern irgendwie *gottgegeben* sind!

Wenn der Rationalität aber Kreisläufe von Wahrnehmung und deren Einordnung zugrunde liegen, lassen sich für diese Einordnung spezifische persönliche Annahmen (Glauben) gar nicht ausschließen. Viele geisteswissenschaftliche Definitionen basieren auf einer angenommenen Trennung von Geist und Körper, auf einer Trennung von Gefühl und Verstand. Ich habe aber gerade zu zeigen versucht, dass Gefühl und Verstand komplementär sind, sie **bedingen** und **ergänzen** sich gegenseitig, sie sind also **untrennbar** miteinander verbunden.

Mit dieser Vorstellung muss man die gesamte Philosophie neu denken und schreiben. Der Mensch ist eine Symbiose aus Gefühl und Verstand, es kann das eine ohne das andere nicht existieren, so wie die Welt eine Symbiose aus Raum und Zeit ist, es kann keinen Raum ohne Zeit geben und keine Zeit ohne Raum. Auf der Erde, in unserem Umfeld, können wir Entfernungen und Dauer separat messen und definieren, aber diese Definitionen sind Vereinfachungen, deren wir uns bewusst sein müssen!

Genau genommen müssten wir das, was gemeinhin als Physik bezeichnet wird, als *Geophysik* bezeichnen, als Physik im erdnahen Umfeld. Da der Begriff *Geophysik* aber schon anderweitig verwendet wird, würde das nur verunsichern. Wenn man aber bei Physik bleibt, dann sollte man aber aus dem Begriff *Astrophysik* die Physik eliminieren, denn unsere physikalischen Gesetze sind erdspezifisch und nicht *universell!*

Evolution und Gott sind übrigens kein Widerspruch, der entsteht erst bei einer ganz spezifischen Definition von Gott, entsteht erst in unserem Kopf, wenn wir selbst ganz spezifische Annahmen über die Welt machen. Selbst im Monotheismus heißt es, *die Wege des Herrn sind unergründlich!* In der Religion sagt man, dass der *Herr* es schon richten wird, in der Evolution sagt man nur, dass die Evolution den Weg vorgibt, der auch zufällig sein kann. Wo ist da der Unterschied?

Gott ist männlich und Evolution weiblich, aber das ist willkürlich, das ist Sprache! Gott hat die Welt erschaffen, Evolution verändert die Welt. In Religionen hat die Schöpfung stattgefunden, in der Evolution findet die Schöpfung statt, ein Anfang oder Ende sind nicht absehbar. In Religionen ist Gott selbstreferentiell: *Ich bin, der ich bin,* in der Evolution sind Veränderungen selbstreferentiell, Veränderungen sind das Ergebnis von Veränderungen! Eine Zustandsänderung ist nur definiert, wenn es vorher und nachher einen *Zustand* gab und gibt, wenn es eine Vergangenheit gab und eine Zukunft geben wird!

Beim Urknall-Modell stellt sich sofort jedem die Frage, was vor dem Urknall war. Bei der biblischen Genesis wird diese Frage gar nicht erst erlaubt, bzw. mit *Gott* beantwortet und dieser Gott ist außerhalb unserer Logik angesiedelt und muss weiterhin als *Mythos* betrachtet werden. Wenn man der Nomenklatur von Wilhelm Nestle folgt, *vom Mythos zum Logos,* dann endet dieser Zyklus 1931 mit dem Unvollständigkeitstheorem von Kurt Gödel.

Dieses Unvollständigkeitstheorem ist viel mehr als nur ein spezifisch-mathematisches Paradoxon, es zeigt ganz generell die Grenzen menschlicher Logik und ist in seiner ganzen Tragweite nur in Zusammenhang mit den Erkenntnissen der Quantenphysik, mit dem Erkennen der Komplementarität und mit der These von Antonio Damasio *Ich fühle, also bin ich* zu begreifen.

In meinem Essay *Monismus und Dualismus* habe ich versucht, diese Thematik näher zu beleuchten. Unsere menschliche Komplementarität von Verstand und Gefühl ist kein Anachronismus, sondern nur die menschliche Variante der universellen Komplementarität von Raum und Zeit. So wie eine Welt, ein Universum, zwei komplementäre Charakteristiken besitzt, Raum und Zeit, so besitzen wir Menschen zwei komplementäre Fähigkeiten oder Eigenschaften, diese zu erkennen, Verstand und Gefühl.

Einzug in die Physik erhielt die Komplementarität durch den dänischen Physiker Niels Bohr und seinen *Welle-Teilchen-Dualismus*. Bei seinem Komplementaritätsprinzip bezog sich Niels Bohr auch auf William James, der bereits zuvor die Komplementarität zwischen Bewusstem und Unbewusstem bei seinen Untersuchungen zur Schizophrenie postulierte. Die von mir propagierte Ausweitung dieses Prinzips auf Raum und Zeit steht natürlich im krassen Gegensatz zu Einsteins Vorstellung, Zeit als eine Art 4. Dimension zu betrachten.

Man muss Einstein wohl zugutehalten, dass er etwas mathematisch-logisch formulieren wollte, was sich gar nicht logisch formulieren lässt. Auch deshalb suchte er wohl während seiner Zeit in Princeton die Nähe von Kurt Gödel, mit dem er häufig gemeinsam spazieren ging. Zudem ist seine Relativitätstheorie rund zwei Jahrzehnte vor Gödels Unvollständigkeitstheorem entwickelt worden.

Bemerkenswert sind auch die unterschiedlichen Ansätze von Einstein und Gödel, der eine war stark religiös geprägt mit der Annahme gottgegebener ewiger Naturgesetze, der andere war sich bewusst, dass uns Menschen eine *vollständige* Erkenntnis verwehrt ist.

Der eine war von einer perfekten Natur überzeugt, der andere schuf die Voraussetzungen für die Akzeptanz einer evolutionären Betrachtungsweise. Selbst wenn nur ein Teil des Ganzen unvollständig ist, kann das Ganze nicht vollständig sein, weil es dann die teilweise Unvollständigkeit nicht zulassen könnte. Diese Aussage ist aber eine logische Schlussfolgerung, basierend auf einer Logik, die sich selbst in Frage stellt! Genau diese Argumentation stellt aber jede Form von Selbsterkenntnis in Frage und somit auch die Möglichkeit, ein System von innen heraus zu erklären.

Um ein System vollständig erklären zu können, benötigt man einen Außenblick, den die Religionen ihrem Gott oder Göttern zuerkennen, der/die von uns Menschen nicht erkannt werden können. Theologie ist somit keine Wissenschaft, sondern pure Spekulation *ohne* irgendwelche empirischen Belege. Nicht umsonst sind Religionen daher auf einen bedingungslosen unbedingten Glauben angewiesen. Aber dafür benötigten wir Menschen weder Sinne noch Gefühl oder Verstand.

Wir müssen a priori etwas annehmen oder glauben, sonst gäbe es gar keine Empirie oder Überprüfung, aber diese Annahmen, dieser Glauben, ist an eine Bedingung geknüpft, daran, dass die empirischen Belege *gut genug* sind. Das Wechselspiel der Komplementaritäten ist eine Bedingung für die Möglichkeit von Kreisläufen, dafür, dass das Rad nicht ständig neu erfunden werden muss.

Wenn man von einer rudimentären Intelligenz ausgeht, dann müssen Vorgänge immer und immer wieder wiederholt werden, damit diese Intelligenz etwas mit diesen Vorgängen anfangen kann. Jede Wiederholung *schärft* die Sinne und bei ständigen Wiederholungen ist es gar nicht notwendig, dass alle alles gleich beim ersten Mal verstehen. Aber so entsteht Wettbewerb, der ein schnelleres Erkennen belohnt.

Die Aufgabe eines Systems besteht darin, Informationen wahrzunehmen und mit diesen Informationen etwas anzufangen, eine reine Wahrnehmung für sich allein ist wertlos, die Informationen müssen auch etwas bewirken und ein System sollte in der Lage sein, zwischen vorteilhafteren und weniger vorteilhaften Wirkungen unterscheiden zu können. Das ist schon darin begründet, dass Informationen empfangen werden müssen.

Um Wirkungen unterscheiden und vergleichen zu können, ist ein Informationsspeicher eine notwendige Voraussetzung. Hier zählt auch Quantität, je größer der Informationsspeicher, desto effizienter kann das System unterscheiden und vergleichen. Was ist nun aber der Unterschied zwischen einer Information und einem Informationsspeicher?

Das zu verstehen, ist wahrscheinlich der Knackpunkt eines Informationsmodells. Es gibt keinen wirklichen Unterschied, ein Unterschied entsteht allein durch die Betrachtungsweise. Eine Information ist gleichzeitig Ursache und Wirkung, gleichzeitig Sender und Empfänger, beide Aspekte sind komplementär, bedingen und ergänzen sich gegenseitig, bilden zusammen das Urprinzip einer Symbiose.

Warum wir bei kleinsten Informationen nicht mehr zwischen Ursache und Wirkung unterscheiden können, kann entweder an unserem unzureichenden Auflösungsvermögen liegen oder aber im Universum selbst begründet sein. Eine Antwort auf diese Frage ist aber für uns Menschen letztlich *unmöglich*. Wir können zwar unser Auflösungsvermögen technisch verbessern und damit immer kleinere Informationen postulieren, aber die Frage, ob es dann noch kleinere Informationen geben könnte, bleibt immer offen.

Die Griechen der Antike postulierten Atome als kleinste unteilbare Teilchen, ohne genau zu definieren, was Atome tatsächlich sein sollten. Im 19. Jahrhundert wurde der Begriff *Atom* für chemische Elemente umdefiniert, bis man erkannte, dass diese Atome nicht unteilbar waren. So wurde ein neuer Begriff benötigt und das waren die *Quanten*. Aber was ist eigentlich ein Quant?

Ein Quant ist eigentlich kein Teilchen, sondern eher ein Merkmal, ein unverwechselbares Merkmal, das für unsere Beobachtungen *relevant* ist, eine eindeutige Relevanz besitzt, die sich mit einer *Quantenzahl* beschreiben lässt. Genau diese Relevanz geht aber in der Unendlichkeit verloren und somit ist auch eine *Quantenphysik* auf endliche Systeme beschränkt. Die Quantenphysik löst keine Probleme, sondern verschiebt nur die Grenzen des Anwendungsbereichs!

An diesem Punkt muss noch einmal betont werden, dass alle unsere physikalischen Erkenntnisse auf elektromagnetischen Messungen beruhen, von denen sichtbares Licht nur einen winzigen Ausschnitt darstellt. Der Elektromagnetismus spielt aber in einer ganz anderen Liga als die Gravitation und sehr wahrscheinlich mit ganz anderen Regeln. Weil der Elektromagnetismus ca. 30 Zehnerpotenzen größer ist als die Gravitation, können wir elektromagnetisch gar nicht erkennen, welche Regeln in der Gravitation angesagt sind. Wir können **nur** die Charakteristiken der Gravitation bemerken, die einen direkten Einfluss auf den Elektromagnetismus haben.

7. Allgemeines Evolutionsprinzip

Ein allgemeines Evolutionsprinzip ist keine beweisbare Theorie, sondern eine plausible Erklärung für Phänomene, die die rationalen Wissenschaften nicht erklären können. In der Physik werden gerne die Begriffe Raum und Zeit verwendet, obwohl die Physik gar nicht weiß, was Raum und Zeit sind und an ihrer Stelle Abstand und Dauer verwenden.

Auch für eine plausible Erklärung benötigt man jedoch Annahmen, die zwar nicht empirisch nachweisbar sein müssen, aber auch nicht empirischen Erkenntnissen widersprechen dürfen. Eigentlich gilt das für Wissenschaften generell, man kann niemals Annahmen verifizieren, sondern immer nur falsifizieren und solange eine Annahme nicht falsifiziert werden kann, ist sie eben *gut genug.*

Annahmen, die nicht überprüfbar sind, kann man natürlich auch nicht falsifizieren, sie können aber im Zusammenhang mit anderen Annahmen zu Widersprüchen führen, zu Paradoxien, die immer ein Hinweis auf mindestens eine ungenügende Annahme sind, wohlgemerkt *mindestens* eine.

Nach meiner persönlichen Auffassung ist Komplementarität der Kern der Evolution. Komplementarität basiert konzeptuell auf Veränderungen, für die wir nach deren Ursachen suchen. Für unser Überleben auf der Erde hat sich dieses Ursache-Wirkung-Prinzip bewährt und hat sich in unserer evolutionären Entwicklung eingeprägt, hat unsere Logik und Rationalität so geprägt, dass wir schon im Kindesalter beginnen, nach den Ursachen von Ereignissen zu suchen.

Das ist aber tatsächlich nur die eine Seite unseres Lebens, die rationale Seite. Emotional nehmen wir Veränderungen vor allem wahr und versuchen sie als Erfahrungen zu speichern, um sie bei nächster Gelegenheit verwerten zu können.

Das impliziert natürlich die Notwendigkeit eines Informationsspeichers und die Maxime, dass ein größerer Informationsspeicher größere Vorteile bietet. Aber Achtung, ein größerer Informationsspeicher bietet nicht nur Vorteile, sondern erzeugt auch Nachteile. Die Prämisse heißt, dass es *keine Vorteile ohne Nachteile gibt.* Diese Erkenntnis ist genauso fundamental wie der Kernsatz der Evolution: *Evolution und Perfektion schließen sich gegenseitig aus.*

Wenn Vorteile immer Nachteile mit sich bringen oder nach sich ziehen, wobei Vor- und Nachteile *immer* asymmetrisch sein müssen, zeigt das bereits, dass symmetrische Gleichgewichte nur ein absoluter momentaner Sonderfall sein können. In der altägyptischen Kultur wird das durch die Waage der Göttin Ma'at symbolisiert und heute durch die Waage der Justitia weitergeführt.

Evolutionäre Systeme sollten demzufolge bestrebt sein, den Informationsspeicher möglichst effizient zu gestalten, also mit möglichst geringem Aufwand einen möglichst großen Vorteil zu erzielen. In den Wissenschaften wird das auch gerne als Minimalprinzip bezeichnet und nach meiner Auffassung ist dafür bereits eine minimale Intelligenz erforderlich.

Evolution ließe sich so darstellen, mit möglichst geringem Aufwand eine möglichst große Wirkung zu erzielen. Das ist aber nur möglich, wenn eine Art Rückkopplung vorhanden ist, die sich durchaus als Urform der Intelligenz betrachten ließe. Zumindest sollten Rückkopplung und Intelligenz irgendwie äquivalent sein, obwohl sie in unserem Sprachgebrauch ganz unterschiedlichen Szenarien entstammen.

Das ist wohl das größte Problem meiner Denk- und Ausdrucksweise, dass ich immer wieder Zusammenhänge konstruiere, die sich für fachspezifische Wissenschaftler nicht so erschließen. Wenn man nicht versteht, dass Definitionen auch nur Konventionen mit begrenzter Lebensdauer sind, wird man auch Evolution nie wirklich verstehen.

Gerade junge Menschen fragen sich manchmal, ob es so etwas wie *Vorbestimmtheit* gibt oder geben kann und was eigentlich Zufall ist. Ich verweise dann gerne auf den Titel von Jacques Monods Buch *Zufall und Notwendigkeit*, der bereits das Problem der Komplementarität auf den Punkt bringt. Zufall und Notwendigkeit ergänzen und bedingen sich gegenseitig wie Regeln und Ausnahmen. Ohne Ausnahmen gäbe es keine Regeln und ohne Regeln keine Ausnahmen.

Bei Zufall und Vorbestimmtheit ist es etwas anderes. Hier geht es eigentlich nur um eine Zuweisung oder den Glauben daran. Könnte man den Zufall einer höheren Autorität zuweisen, wäre es Vorbestimmtheit. Aber genau diese Frage hängt von dem Glauben, von der Annahme einer höheren Autorität ab, von der persönlichen Prägung und der Frage ob es eine höhere *Autorität* tatsächlich gibt. Eine höhere Autorität ist nicht dasselbe wie eine unzureichende Erkenntnis!

Wenn man die Weisheit des Aristoteles berücksichtigt, dass das Ganze mehr ist als die Summe seiner Teile, dann beschreibt dieses *mehr* bereits die unzureichende Erkenntnis, ohne dass man auf einen Gott oder Götter zurückgreifen muss. Eine unzureichende Erkenntnis ist tatsächlich notwendig für eine fehlende Perfektion und somit eine Notwendigkeit für Evolution.

Eine höhere Autorität, die man zudem nicht empirisch nachweisen kann, erfüllt folglich keinen verwertbaren Zweck, außer dass sie eine Gewissheit oder Sicherheit vorgaukelt, die jedoch nicht nachweisbar ist. Insofern ist *Zufall* auch nichts anderes als eine höhere Autorität, die man nicht kennt. Nur, welche Vorteile würde denn ein Leben ohne Zufälle bieten? Wäre das denn überhaupt Leben?

Zufälle sind schließlich auch Alternativen, die uns zum Denken und Lernen animieren. Egal, wo wir hinschauen, überall finden sich *selbstlernende Systeme.* Die Lerngeschwindigkeiten sind unterschiedlich und manche sogar so langsam, dass wir deren Lernfortschritte während unserer eigenen Lebenszeit gar nicht wahrnehmen können. Diesen Systemen jedoch eine Lernfähigkeit abzusprechen, nur weil wir selbst sie nicht erkennen können, empfinde ich als arrogant!

Und es ist genau diese Arroganz, diese menschliche Arroganz, die uns Menschen irgendwann zum Verhängnis wird. Jede Annahme, jeder Glauben ist an Bedingungen geknüpft und wenn sich diese Bedingungen ändern, müssen auch die Annahmen entsprechend angepasst werden, so funktionieren selbstlernende Systeme! Religionen, die einen bedingungslosen Glauben einfordern, sind kontraproduktiv, denn sie schalten letztlich das Denken und Lernen ab.

Welchen Sinn oder welche Vorteile kann es haben, das Denken und Lernen ab- oder auszuschalten? Diese Frage sollte jeder denkende Mensch für sich selbst entscheiden und nicht andere für ihn entscheiden lassen. Dabei darf man aber nicht nur an sich selbst denken, sondern muss auch immer das Ganze so weit wie möglich im Blick haben. Aber Achtung, Komplementaritäten lassen sich nicht vereinigen, sondern nur ergänzen.

Komplementarität und daraus resultierende Symbiosen durchziehen anscheinend die Welt auf allen Ebenen. Egoismus und Altruismus sind komplementär, sie bedingen und ergänzen sich gegenseitig und nur eine Symbiose von beiden kann erfolgreich sein. Freiheit und Gleichheit sind auch komplementär, genauso wie Regeln und Ausnahmen oder auch Zufall und Notwendigkeit. Komplementarität ist eine Voraussetzung für selbstlernende Systeme.

Insofern eröffnen sich uns zwei unterschiedliche Vorstellungen von Gott, entweder als allwissender Urheber der Komplementarität oder als Inkarnation des Selbstlernens. Das sind zwei Alternativen, komplementäre Alternativen und damit wir weiter lernen können, dürfen wir keine Alternative ausschließen. Wenn man sich auf eine Alternative festlegt, hört man auf zu leben, ist man tot, so wie die Physik als Wissenschaft der toten Materie.

Wenn man nicht zwischen Information und Informationsspeicher unterscheiden kann, dann kann man die Forderung, dass Informationen empfangen werden müssen auch als Kooperation von Informationen oder Informationsspeichern verstehen. Damit Informationsspeicher vergleichen und bewerten können, benötigen sie irgendeine Form von Energie für ihren Betrieb. Das ist aber auch eine natürliche Begrenzung ihres Wachstums und ihrer Größe.

Dabei muss man sicherlich zwischen einem potentiellen, also einem passiven und einem aktiven Informationsspeicher unterscheiden. Den Vorteilen eines größeren Informationsspeichers stehen die Nachteile eines größeren Energiebedarfs bei Aktivität entgegen. Zudem muss die Energieversorgung in irgendeiner Form organisiert und gewährleistet sein.

Es lohnt sich also erst, einen Informationsspeicher aktiv zu betreiben, wenn die damit verbundenen Vorteile die Nachteile der Einrichtung und Aufrechterhaltung eines Energieproduzenten überwiegen. Es wird sofort deutlich, dass ein immenser Aufwand erforderlich ist, um einen passiven Informationsspeicher zu aktivieren oder aktiv zu gestalten. Vielleicht wurde aus dieser Überlegung heraus früher zwischen tot und lebendig unterschieden. Man erkennt aber auch, dass der Übergang vermutlich fließend und nicht sprunghaft ist und daher eine Grenze zwischen tot und lebendig eher willkürlich ist.

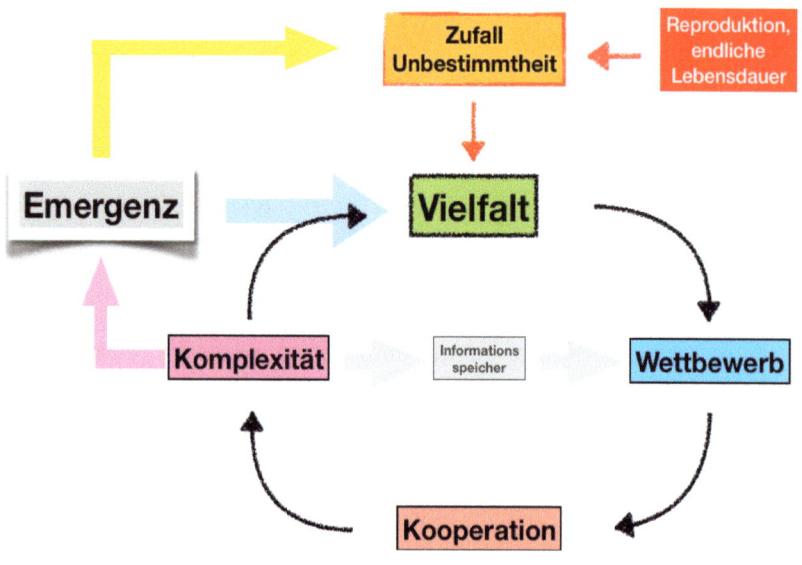

Abb. 2: Allgemeines Evolutionsprinzip

Diese schematische Darstellung ist ein Versuch, die verschiedenen Kreisläufe in der Evolution zusammenzuführen. Es kann weder alle möglichen Alternativen mit einbeziehen noch die Energie, die erst einen aktiven Informationsspeicher und deren komplexen Aufbau ermöglichen. Ohne solche Vereinfachungen könnten wir die Evolution überhaupt nicht verstehen.

Dieses Evolutionsprinzip orientiert sich an der biologischen Evolution, soll aber alle anderen Evolutionsformen mit einbeziehen. Am bekanntesten ist sicherlich die kulturelle Evolution, die aber nicht allein auf uns Menschen beschränkt ist, sondern bei vielen Arten auf unserer Erde verschiedenartig ausgeprägt ist. Bei Walen und Elefanten ist diese natürlich sofort deutlich, aber auch Vögel und Insekten zeigen Verhaltensweisen, die eine Kultur ausmachen.

Friedrich Cramer hat in seinem Buch *Der Zeitbaum* postuliert, dass die kulturelle Kultur der Menschen ca. 1 Million mal schneller ist als deren biologische Entwicklung. Man kann und muss diese Aussage nicht als quantitativ überprüfbar betrachten, aber man kann sie als qualitativ wertvoll einordnen. Evolutionen entwickeln sich prinzipiell exponentiell, da die zukünftige Entwicklung immer auf einem Ist-Zustand basiert. Eine exponentielle Entwicklung würde aber ungebremst durch die Decke schießen, wenn sie nicht durch die Endlichkeit der Systeme und ihrer Ressourcen begrenzt wäre.

Im Grenzbereich ist eine evolutionäre Entwicklung äußerst kritisch, sie kann sich abschwächen bis hin zu einer Rückentwicklung, sie kann aber auch zusammenbrechen oder gar zur Selbstzerstörung führen. Im kritischen Grenzbereich ist jede Art von Vorhersage praktisch unmöglich, man kann lediglich sagen, dass es nicht so weitergehen kann wie bislang. Man braucht nur die Hochkulturen auf unserer Erde zu analysieren, die alle auf unterschiedliche Arten untergegangen sind.

So wie sich die kulturelle Evolution aus der biologischen Evolution heraus entwickelt hat, so muss es auch eine langsamere und stabilere Evolutionsform gegeben haben, aus der sich die biologische Evolution heraus entwickeln konnte. Notwendige Voraussetzung für biologische Strukturen sind Atome, Moleküle und chemische Verbindungen, oder vereinfacht das Periodensystem der chemischen Elemente, die Chemie.

In der Chemie sind Substanzen und Verbindungen geläufig, die periodischen Veränderungen unterliegen. Früher wurden diese auch als Ursuppe des Lebens bezeichnet, aber ich denke, dass diese Vorstellung etwas zu naiv ist. Auch einer *chemischen Evolution* muss eine andere Evolutionsform zugrunde liegen und da käme der bekannte Satz *Am Anfang war der Wasserstoff* schon gelegen. Aber auch dieser Ansatz scheint etwas zu naiv!

Ich würde diesen Satz aber in einer veränderten Fassung stehen lassen: *Am Anfang der Physik war der Wasserstoff!* Was hat Wasserstoff mit Physik zu tun? Wasserstoff ist das Sinnbild der Ladungstrennung, von positiven und negativen Ladungen, von Protonen und Elektronen, von Elektromagnetismus und allem, was damit zusammenhängt.

Elektromagnetische Messungen bestimmen die Physik von heute, deren Ergebnisse bestimmen unser Weltbild, unser Bild vom Universum. Unsere Wahrnehmung beruht auf dem *Feuern* von Neuronen in unserem Gehirn, unsere Nervenbahnen leiten elektromagnetische Signale durch unseren Körper. Protonen, Neutronen und Elektronen bilden das Gerüst der chemischen Elemente. Aber heißt das auch, dass es Protonen oder Wasserstoff von Anfang an gegeben haben muss?

Diese Meinung wird zwar von vielen Physikern vertreten, aber liegt das nicht vielleicht auch daran, dass sich Physiker eine Welt ohne Physik gar nicht vorstellen können? Der Grund meiner Zweifel ist die Gravitation. Die Gravitation ist nach Vorstellung der Physiker rund 30 Zehnerpotenzen kleiner als der Elektromagnetismus. Das ist eine richtig große Zahl und das heißt vor allem, dass sich die Gravitation einer elektromagnetischen Beobachtung entzieht.

Das ist kein technologisches Problem, sondern ein prinzipielles Problem. Die Gravitation spielt in einer komplett anderen Liga als der Elektromagnetismus und über diese Liga wissen wir nichts! Mit einem äußeren Sinnesorgan, den Augen, können wir zumindest den sichtbaren Teil des elektromagnetischen Spektrums wahrnehmen, aber für Gravitation haben wir nur ein inneres Organ, unseren Gleichgewichtssinn, und der reagiert nur auf riesige Massen, auf immens riesige Massen. Wir können nicht einmal den Jupiter, der eine sehr große Masse hat, mit unserem Gleichgewichtssinn orten, dafür ist er gar nicht konzipiert!

Die Gravitation muss viel ursprünglicher sein als der Elektromagnetismus (EM) und beeinflusst somit auch den EM. Lichtstrahlen werden abgelenkt und wahrscheinlich hat die Gravitation auch Einfluss auf die Spektrallinien der chemischen Elemente, aber ob und wenn ja, wie weit der EM die Gravitation beeinflussen könnte, können wir nur spekulieren. Die Gravitation ist kein Parameter, den wir experimentell an- und abschalten können.

Wie fremd uns allein die Begriffe *Masse* und *Energie* sind, möchte ich kurz demonstrieren. Dazu benutze ich bewusst das Newtonsche Gravitationsgesetz und Newtons Kraftgesetz. Das erstere beschreibt eine Anziehung von Massen, die ich als *Affinität* bezeichnen möchte, das letztere weist Massen eine *Trägheit* zu, die aber nur sichtbar wird, wenn die Massen bewegt werden. Nach dem geläufigen Ursache-Wirkung-Prinzip ließe sich die Affinität als Ursache betrachten und die Trägheit als Wirkung.

In der Physik werden diese beiden Aspekte auch als *schwere (Anziehung)* und *träge (Trägheit) Masse* bezeichnet und Einstein vermutete, dass beide das gleiche seien. Einstein bezweifelte zwar, dass sich Massen anziehen und machte dafür eine Raumkrümmung verantwortlich, aber meiner Vorstellung hat das nicht geholfen, denn das ist auch keine Antwort, sondern nur eine Verschiebung der Fragestellung.

Mir geht es um einen anderen Aspekt, die Tatsache, dass elektromagnetisch bei Masse und Gravitation nicht zwischen Ursache und Wirkung unterschieden werden kann. Das unterstreicht meinen vorherigen Punkt einer anderen Liga.

Masse ist physikalisch gesehen nicht wirklich einzuordnen und muss als selbstreferentiell eingestuft werden, ähnlich wie Gott, dessen Selbstreferentialität in einer einfachen Aussage mündet: *Er ist, der er ist!* Auf Masse bezogen, ließe sich diese Aussage ganz analog formulieren: *Masse ist, was sie ist!* Rein physikalisch würde das Masse zu einem reinen Rechenwert reduzieren, genauso wie Energie.

Auf der Erde hat Masse ein Gewicht, das durch die Erdanziehung bestimmt ist, und Trägheit, die sich aber erst bemerkbar macht, wenn die Masse beschleunigt wird. Folglich gibt es keine *Ruheträgheit*, aber wenn Masse *Affinität* besitzen sollte, gäbe es gar keine *Ruhe* und damit wären Begriffe wie *Ruhemasse* oder *Ruheträgheit* überhaupt keine Option!

8. Masse, Energie und Information

Wenn man meinen bisherigen Ausführungen zustimmt, wird der Begriff der Masse zwar in der Physik regelmäßig benutzt, hat aber keine *physikalische* Relevanz, wenn man Physik primär als Ursachenforschung betrachtet. Man kann Masse eventuell als Rechenwert verwenden, wenn man die Wirkungen der Gravitation formelmäßig erfassen möchte.

Ich habe zuvor bereits darauf hingewiesen, dass wir tatsächlich nur Wirkungen bewerten können (Max Planck), nicht jedoch die sie verursachenden Energien. Letztere ließen sich nur ermitteln, wenn man eine Gleichheit von Ursache und Wirkung voraussetzen könnte: Ursache = Wirkung. Die Ursache darf sicherlich nicht kleiner sein als die Wirkung, aber es gibt keinen Beleg dafür, dass sie nicht etwas größer sein darf!

Eine Gleichheit von Ursache und Wirkung wäre bereits eine Form von Perfektion, die jede Evolution ausschließen würde. Wir können zwar nicht herausfinden, was mit überschüssigen Energien geschieht, da wir nur Wirkungen messen und wahrnehmen können, aber deshalb können wir sie noch lange nicht ignorieren oder als nicht existent betrachten. Diese überschüssigen Energien könnten tatsächlich für die notwendigen Zufälle verantwortlich sein, die überhaupt erst eine Evolution möglich machen.

Physikalisch lässt sich die Selbstreferentialität der Masse kaum beschreiben. Einen Ansatz sehe ich aber bei einem Umweg über Informationen. Ich habe bereits angedeutet, dass Informationen auf jeden Fall einen Inhalt haben müssen und empfangen werden müssen. Wenn man diesem Inhalt eine Masse in Form von Trägheit zuweisen würde, die die Informationsgeschwindigkeit begrenzen würde, hätte man zumindest ein Indiz für endliche Informationsgeschwindigkeiten.

Ich habe bereits gezeigt, dass endliche Informationsge-schwindigkeiten für Raum und Zeit verantwortlich sind und damit indirekt auch Masse als Initiator für Raum und Zeit gelten könnte. Der zweite Aspekt ist vielleicht etwas schwerer zu verstehen, aber die Notwendigkeit, empfangen zu werden, ließe sich auch als eine Art *Affinität* interpretieren und damit Massenanziehung plausibel machen.

Masse, Raum und Zeit würden damit zumindest den Rahmen vorgeben, in dem unsere Physik eingebettet ist oder eingebettet sein könnte. Eine elektromagnetische Physik wäre allerdings niemals in der Lage, diesen Rahmen auszuloten, dafür fehlt ihr das notwendige Auflösungsvermögen. Was ist dann aber Energie?

Rein physikalisch ist Energie genauso ein Rechenwert wie Masse und es sollte eine gewisse Äquivalenz zwischen Masse und Energie bestehen. Einstein benutzte dafür seine Jahrhundertformel $E = m\,c^2$, die inzwischen jedem geläufig ist. Wenn man zunächst einmal c^2 als eine riesige Konstante betrachtet, dann beschreibt diese Gleichung eine Äquivalenz mit der Maßgabe, dass geringe Massen riesigen Energien äquivalent sein müssen.

Dagegen ist eigentlich nichts einzuwenden, außer der Tatsache, dass Masse und Energie reine Rechenwerte sind, die gar nicht empirisch messbar sind. Nur, wie unterscheiden sich Masse und Energie? Eine mögliche Unterscheidung besteht darin, dass wir (Menschen) Masse physikalisch lokalisieren können und Energie nicht.

Diese Lokalisierung hängt aber von unserem Auflösungsvermögen ab und dieses Auflösungsvermögen entspricht in allen Belangen dem elektromagnetischen Auflösungsvermögen. Bei dem riesigen Größenunterschied von EM und Gravitation könnte man Masse als den Teil der Gravitation bezeichnen, der elektromagnetisch auflösbar ist und Energie als den Teil, der eben nicht elektromagnetisch auflösbar ist.

Als Kernelemente des EM könnte man Photonen betrachten und dann könnten Gravitonen die Kernelemente der Gravitation sein. Egal, ob man diese als Gravitonen oder Gravis bezeichnet, sollten sie auf jeden Fall ca. 30 Zehnerpotenzen kleiner sein als Photonen und folglich elektromagnetisch nicht erkennbar sein. Auf uns würden sie wohl ähnlich diffus wirken wie Energie.

Von Atombomben haben wir gelernt, dass geringste Massenverluste riesige Energiemengen freisetzen können und umgekehrt müssen wohl auch riesige Energiemengen in der Lage sein, Masse zu bilden. So wird jedenfalls gemeinhin Einsteins Jahrhundertformel interpretiert. Bei einer Atombombenexplosion lassen sich gar nicht die einzelnen Wirkungen aufaddieren, und die müssen auch nicht exakt die Energie widerspiegeln. Einsteins Jahrhundertformel ist sicherlich eine Vereinfachung, um Kreisläufe zwischen Energie und Masse deutlich zu machen, ihr liegen aber so viele vereinfachende Annahmen zugrunde, die man letztendlich gar nicht mehr voneinander trennen kann.

Ganz sicher aber sind Übergänge von Masse zu Energie und umgekehrt Veränderungen, die Informationen erzeugen und damit die Welt am Laufen halten. Und da Informationen immer Alternativen benötigen, die nicht einmal bekannt sein müssen, wird sich uns die Welt immer unvollständig darstellen und folglich weder ein Anfang noch ein Ende erkennbar sein.

Wenn aber die Gravitation den Elektromagnetismus beeinflusst, dann beeinflusst sie auch die Spektrallinien chemischer Elemente und dann könnte auch die viel beschriebene *Rotverschiebung* ein Hinweis auf Gravitationsänderungen sein und nicht auf eine *Expansion* des Universums. Gute Physik basiert unter anderem auch auf einem Ausschlussverfahren, das nur dann Annahmen akzeptiert, wenn alle anderen Alternativen ausgeschlossen werden können.

Das wäre schon harte Arbeit, wenn man alle Alternativen kennen würde, aber wenn man nicht einmal den geringsten Schimmer hat, welche Alternativen überhaupt existieren, dann ist es eine Lotterie und keine Wissenschaft. Auf die Frage, wie alt unser Universum ist, würde ich antworten *älter* und mit dieser Antwort vermutlich nicht falsch liegen. Besser wäre noch eine Gegenfrage: *Welche Zeit möchten oder meinen sie denn?*

Wenn Zeit (und Raum) zudem noch selbstreferentiell sein sollten, läuft die Frage nach einem Alter sowieso komplett ins Leere. Wenn die Welt tatsächlich so etwas Ähnliches wie ein Ring wäre, würde sich die Frage nach einem Anfang schon von selbst erübrigen. In einer evolutionären Welt sollten Kreisläufe allerdings eher die Regel als die Ausnahme sein.

In der Evolution ähneln Kreisläufe eher Spiralen, bei denen die jeweilige Evolutionsgeschwindigkeit der Steigung der Spirale entspricht. Dabei hat jede Evolutionsform ihre eigene Zeit, die aber auch nur erkennbar ist, wenn man sie an einer stabileren oder langsameren Zeit orientieren kann.

9. Komplementarität und Symbiose

Komplementaritäten lassen sich durchaus als Motor der Evolution verstehen, obwohl wir sie eigentlich nicht verstehen können. Komplementaritäten bedingen sich gegenseitig, lassen sich aber nicht gleichzeitig realisieren, sie ergänzen sich jedoch gegenseitig und bilden somit den Kern einer Symbiose.

Typische Beispiele für Komplementaritäten sind Regeln und Ausnahmen, Zustand und Zustandsänderung oder Raum und Zeit. Um in einer komplementären und symbiotischen Welt zurecht zu kommen oder zurecht kommen zu können, müssen wir selbst irgendwie komplementär sein und das zeigt sich bei uns Menschen in Form von Gefühl und Verstand oder von Rationalität und Emotionalität.

Mir erscheint es manchmal, als ob wir Raum rational erfassen und Zeit emotional erfühlen. Die Kunst des Menschseins besteht dann wahrscheinlich darin, diese Symbiose richtig zu *leben!* Regeln und Notwendigkeiten erscheinen uns rational, Ausnahmen und Zufälle eher nicht. Ich bin mir daher gar nicht sicher, in wie weit wir Emotionen überhaupt unterdrücken können und sollten.

Sehr rationale Menschen erscheinen eher als Spießer oder Langweiler, extrem emotionale Menschen empfinden wir dagegen als unangenehm. Wenn man diese Gedanken weiterführt, wird man feststellen, dass auch Rationalität und Kreativität irgendwie komplementär sind. Kreativität ist dann eigentlich nichts anderes, als hin und wieder Irrationalität zuzulassen.

An dieser Stelle lohnt es sich, die Weisheit des Paracelsus zu berücksichtigen: *Die Dosis macht das Gift.* Rationalität und Emotionalität sollten eine *gesunde* Symbiose bilden, die besonders wertvoll ist, wenn eine übertriebene Rationalität in eine Sackgasse geführt hat.

Ich zitiere dazu gerne das Beispiel von Bakterien, die gewöhnlich einem rationalen Futtergradienten folgen, aber hin und wieder mit eher zufälligen Sprüngen das Revier wechseln. Für so ein Verhalten ist es notwendig, einen *Energiespeicher* zur Verfügung zu haben, der für eine gewisse Dauer einen Futtermangel kompensieren kann. Es muss also Alternativen zur Rationalität geben! Genau das ist die dritte Bedingung für Informationen, es muss Alternativen geben.

Bei einem Informationsmodell müssten Informationen auch als Energiespender verwertet werden können und es ist ja nicht ausgeschlossen, dass ein winziger Teil des Informationsinhalts beim Empfang in Energie gewandelt wird. Ich habe bereits erwähnt, dass nur Wirkungen beim Empfänger gequantelt werden können und durchaus Bruchteile der zugeführten Energie über sein können.

Wenn also Strukturen neben einem Informationsspeicher auch einen Energiespeicher bereitstellen könnten, wäre die Struktur autark und könnte sogar den Informationsspeicher aktiv betreiben. Das führt natürlich zu einer weiteren sehr originellen Schlussfolgerung. Strukturen müssten Informationen empfangen können, das für sie Wertvolle verwerten und verarbeiten und den Rest wieder ausscheiden können.

Wollten Strukturen allerdings den Informations- oder Energieeingang und den Resteausgang voneinander trennen wollen, müssten diese Strukturen *mindestens* dreidimensional sein, da eine zweidimensionale Struktur durch diesen Kanal getrennt würde. Wenn aber drei Dimensionen genügen, warum sollten Strukturen dann mehr Dimensionen kreieren? Bei einem denkbaren Minimalprinzip wäre der Aufwand für eine weitere oder gar mehr als eine weitere Dimension nicht gerechtfertigt, dreidimensionale Strukturen wären schlichtweg *gut genug!*

Genau um solche Strukturen handelt es sich bei uns Menschen und allem, was wir im Universum wahrnehmen. Es ist nicht auszuschließen, dass es höherdimensionale Strukturen geben kann, aber deren Gefüge und mögliches Bewusstsein wäre für uns Menschen nicht nachvollziehbar. Wir haben schon immense Probleme, eine dreidimensionale Welt zu verstehen, da sollten wir nicht die Flucht in eine vierte Dimension wagen.

Um es noch einmal klarzustellen, die Vorstellung von Zeit als einer vierten Dimension hat sich durch das Verständnis der Komplementarität erledigt. Raum und Zeit sind komplementär und damit nicht *gleichzeitig* in eine Weltformel integrierbar. Nicht umsonst habe ich der Komplementarität ein eigenes Buch gewidmet und immer wieder auf den Zusammenhang von Komplementarität und Symbiose hingewiesen.

Letztlich war dieses Thema auch einer der Streitpunkte zwischen Albert Einstein und Niels Bohr und ähnelt in vieler Hinsicht dem Streit zwischen Paramenides aus Elea (Unwandelbarkeit des Seins) und Heraklit aus Ephesos (panta rhei) in der Antike. Über Jahrhunderte erschien Paramenides als philosophischer Sieger und seine Vorstellungen bekamen einen eigenen Begriff, eine eigene Disziplin, die *Ontologie*. Darüber geriet das *Werden* fast in Vergessenheit oder wurde als lästiges Übel hintenangestellt.

Gerade Einstein als gläubiger Jude war sein Leben lang auf der Suche nach einer Weltformel, auf der Suche nach der einen göttlichen Wahrheit und war dafür bereit, dieser einen Wahrheit alles andere unterzuordnen. Komplementarität kann aber gerade als Hinweis darauf verstanden werden, dass es diese eine göttliche *Wahrheit* nicht gibt und wohl auch nicht geben kann. Selbst der Monotheismus benötigt letztlich einen Teufel oder Satan, aber dazu noch später.

Ich bin durchaus ein Befürworter eines *Monismus*, der Vorstellung, dass es nur eine Welt gibt, ein Universum, aber mit dualen Eigenschaften. Ich habe diese Auffassung in meinem Buch *Monismus und Dualismus* ausführlich erläutert und dabei an einem Beispiel dargestellt, dass auch eine Münze zwei Seiten haben kann, die trotzdem zusammengehören.

Wenn jedoch das Auflösungsvermögen nicht mehr ausreicht, beide Seiten zu differenzieren, obwohl sie unterschiedlich sind, kann und muss man von *Selbstreferentialität* sprechen. Bei Selbstreferentialität ist das gemeinhin gültige *Kausalitätsprinzip* nicht mehr anwendbar und macht eine Ursachenforschung und damit auch Physik unmöglich.

Dabei können wir nicht entscheiden, ob das Kausalitätsprinzip nur für uns nicht mehr erkennbar ist oder generell nicht existiert. Das ist das eigentliche Wesen des Agnostizismus, wir können etwas glauben, müssen aber ebenso daran zweifeln. Bei *Selbstreferentialität* endet jede Gewissheit!

10. Symbiose und Recycling

Veränderungen sind wohl das wichtigste Markenzeichen unserer Welt und wohl der beste Hinweis darauf, dass in dieser oder auf dieser Welt nichts ewig ist. Das muss natürlich auch für Strukturen gelten, die folglich eine begrenzte Lebensspanne haben müssen, wobei sich diese Lebensspannen durchaus dramatisch unterscheiden können. Aber was passiert mit diesen Strukturen, wenn dieser Zeitpunkt erreicht ist und wie könnte man diesen Zeitpunkt ermitteln, wenn es ihn tatsächlich gäbe?

Man sieht sofort, dass alle diese Fragen unserer traditionellen Denkweise entspringen, so wie wir unser eigenes Leben mit der Geburt beginnen und mit dem Tod enden lassen und unsere Lebensspanne bestimmen wir mit einer Art Stoppuhr. Aber werden wir selbst nicht auch recycelt und dennoch bleiben einige unserer Gedanken und Ideen erhalten, so wie auch wir manche Gedanken von unseren Vorfahren übernommen haben? Leben wir nicht in einer Symbiose mit der Natur, die viele der Schäden ausbügelt, die wir selbst anrichten?

Betrachtet man beispielsweise die Maya-Tempel in Yukatan, sieht man, dass viele dieser Anlagen überwuchert und praktisch untergegangen waren und erst mit viel Aufwand wiederentdeckt werden mussten. Jedes Leben hat seine eigene Zeit und das gilt auch für ganze Kulturen und Religionen. Kultur lässt sich durchaus als Symbiose von vielen Menschen verstehen und Symbiosen haben sich über Millionen von Jahren entwickelt, in ganz unterschiedlichen Bereichen und erst langsam beginnen wir, den symbiotischen Charakter unserer Welt zu verstehen.

Entwicklung und Evolution wird vornehmlich durch Symbiosen vorangetrieben, nicht durch Kampf und Zerstörung. Bei einem Krieg gibt es keine Gewinner, bei einer Symbiose gibt es nur Gewinner. Wenn Menschen heute ganz stolz von einer win-win-situation sprechen, kann man ihnen nur entgegnen, dass das auf jede Symbiose zutrifft und die gibt es schon weitaus länger als Menschen überhaupt denken können. Es wirft ein schräges Licht auf die Geschichte der Menschheit, wenn wir meinen, dass derartige Gedanken ein Produkt der Neuzeit seien.

Erst mit der Sesshaftigkeit konnte Grund und Boden zum Privateigentum mutieren und als dieser knapp wurde, veränderte sich auch unser Denken und Leben, leider nicht unbedingt nur zum Vorteil. Da dieser Prozess allerdings schleichend verlief, war die zunehmende Aggressivität kaum zu bemerken. Erst im Rückblick über Tausende von Jahren lassen sich die Veränderungen in menschlichen Verhaltensmustern erkennen. Ohne die wenigen Nomadenvölker in Zentralasien und die Beduinenstämme in Nordafrika und im Vorderen Orient wüssten wir kaum, wie das Leben früher war, da sich die Schrift erst nach der Sesshaftigkeit richtig entwickeln konnte.

Die Qualität des Bodens und ihre Veränderungen im Laufe der Jahre wurde erst mit der Sesshaftigkeit zu einem Problem, insbesondere wenn auch das umliegende Land belegt war. Dennoch war das Leben von gegenseitiger Hilfsbereitschaft geprägt und von Genossenschaften, auch einer Form von Symbiose. Es gab weiterhin Gemeineigentum, die Allmende, die von allen gemeinsam genutzt und bewirtschaftet wurde und für die gerechte Verteilung von Aufwand und Nutzen wurden entsprechende Regeln entwickelt.

Auch eine Symbiose als Inbegriff von Leben benötigt Wettbewerb, damit sich niemand auf seinen Erfolgen ausruhen kann und ständige Veränderungen gewährleistet sind. Natürlich muss jeder Wettbewerber gewillt sein, zu gewinnen, aber nicht um jeden Preis, denn schließlich ist der Mitbewerber für eine übergeordnete Symbiose unerlässlich. Kooperation und Wettbewerb gehören zusammen, sind komplementär, bedingen und ergänzen sich gegenseitig. Damit immer genug Platz für Neues verfügbar ist, muss das Alte ab und zu recycelt werden, dann wenn es nicht mehr *gut genug* ist.

So betrachtet, ist der Tod Teil des Lebens und nicht das Ende des Lebens, wohl das Ende eines individuellen Lebens, aber nicht das Ende des Lebens selbst. Ein individuelles Leben können wir definieren, aber nicht das Leben selbst, weil Leben als solches selbstreferentiell ist und sich damit jeder Definierbarkeit entzieht. Leben verändert sich und ist veränderlich und kann so viele Facetten annehmen, dass eine Einordnung unmöglich wird.

Haben die Menschen immer noch nicht begriffen, dass die Leistungen Einzelner ohne eine Symbiose wertlos sind? Haben die Menschen immer noch nicht verstanden, dass sich der Einzelne *nichts* verdient haben kann? Selbst ein Messi, der unbestreitbar ein herausragender Fußballer ist, könnte ohne eine Mannschaft, ohne ein Team niemals Weltmeister werden, und übrigens auch nicht ohne gegnerische Mannschaften, mit denen sich sein Team messen kann.

Ganz ähnlich verhält es sich mit dem Begriff *Verstehen*, den wir daher immer mit einem Bezug verwenden. Die Frage *verstehst du das?* bezieht sich auf dieses das und nur das. Jeder würde die Verallgemeinerung *verstehst du?* sofort mit einer Gegenfrage beantworten *was soll ich verstehen?* Die Frage, ob man gelernt hat, kann man immer mit *ja* beantworten, solange nichts Genaues spezifiziert ist. Wir haben uns inzwischen daran gewöhnt, bei jeder Frage den zugehörigen Kontext zu implizieren und genau das kann sehr leicht zu Missverständnissen führen, ohne böse Absicht.

Hinzu kommt, dass keiner gerne zugeben möchte, etwas nicht verstanden zu haben und ich selbst musste bei meinen Diplomprüfungen so viele Antworten parat haben, die ich tatsächlich gar nicht verstanden habe. Aber ich habe mir diese Fragen zwecks späterer Wiedervorlage gemerkt und habe bis heute kaum Antworten gefunden, aber eine Menge neuer Fragen. Natürlich kann man sich mit dem Energieerhaltungssatz zufriedengeben, aber welchen Sinn macht dieser, wenn man Energie gar nicht messen kann? Wenn Energie ein reiner Rechenwert ist, dann ist Energieerhaltung eine Rechenvorschrift, die aber tatsächlich nur für vollständige Systeme anwendbar ist.

Kurt Gödel zeigte 1931, dass mit unserer Logik vollständige Systeme gar nicht vorstellbar sind. Mit den zuvor gewonnenen Erkenntnissen kann man daraus schließen, dass unsere Logik auch selbstreferentiell ist und damit natürlich auch unsere auf dieser Logik basierende Vernunft. Die Folge sind sogenannte Ringschlüsse und im Volksmund sagt man, dass sich die Katze in den Schwanz beißt. Mir erscheint es so, dass man in den Wissenschaften die Katze solange aufbläht, bis sie ihren eigenen Schwanz nicht mehr sehen kann. Das ist dann *Hillers Katze*, die Schwester von Schrödingers Katze.

Wenn Verstehen selbstreferentiell ist, wir aber schon als Kinder gelernt haben, nach einer Referenz in Form einer Ursache zu suchen, dann sind wir durchaus geneigt, diese Selbstreferentialität einer höheren Macht zuzuordnen: Gott oder den Göttern.

11. Gott und die Welt

Bereits durch unsere evolutionäre Entwicklung hat sich bei uns bereits ein Referenzdenken ausgeprägt. Bei Pflanzen ist es eindeutig ihr Standort, bei Tieren und Menschen kann es eine Region, eine Gemeinschaft oder ein Zuhause sein. Wir haben gelernt, nach Ursachen zu forschen und wenn wir für ein Ereignis zunächst keine Ursache finden konnten, haben wir diesem Ereignis zumindest einen Namen gegeben und einem dafür verantwortlichen Gott zugewiesen.

So entstand im Laufe der Zeit ein ganzer Zoo von Göttern und wenn wir bemerkten, dass manche Ereignisse miteinander zusammenhingen oder verknüpft waren, konnte das durch ein Verwandtschaftsverhältnis der zugehörigen Götter erklärt werden. So entstanden Mythologien, die immer gewaltiger wurden und irgendwann einmal den Rahmen sprengen mussten.

Diese Mythologien mussten vereinfacht werden und so lag es nahe, vom Polytheismus zum Monotheismus zu mutieren. Alles Unbekannte war in einem Gott vereinigt, der dafür aber über alle Maßen mächtig und allwissend sein musste. Mit dieser Definition Gottes konnte letztlich jeder leben und dieser Gott war sogar ein persönlicher Gott, denn jeder Mensch hatte seine eigenen Defizite, für die er einen Gott benötigte.

Schon Aristoteles erkannte, dass das Ganze mehr ist als die Summe seiner Teile und dieses *mehr* ist aus Sicht der Teile, also auch Sicht des einzelnen Menschen, unergründlich. Wir Menschen haben schon früh erkannt, dass wir niemals alles wissen können und haben letztlich die Verantwortung dafür Gott zugeschoben. Damit brauchten wir uns dann auch nicht mehr mit der Frage auseinandersetzen, wo die Gründe unserer Unwissenheit verborgen sein könnten, alles war letztlich Gottes Werk.

Die Menschen lebten gottgefällig im Einklang mit der Natur. Erste Probleme begannen mit dem Beginn der Sesshaftigkeit. Man konnte nicht mehr der Natur folgen, sondern musste sie kultivieren. Ein weiteres Problem deutete sich bereits frühzeitig mit der Vererbung von Grund und Boden einerseits und einer größeren Kinderzahl andererseits an. Wollte man den Grundbesitz gerecht vererben, musste der Grund und Boden gestückelt werden, was insbesondere bei der späteren Industrialisierung der Landwirtschaft weitreichende Folgen hatte. Andererseits schaffte die Industrialisierung aber auch ganz neue Arbeitsplätze, die das Leben und Zusammenleben der Menschen grundlegend veränderten.

Die Industrialisierung der Neuzeit beeinflusste das Leben, das Denken und die Kultur der Menschen so dramatisch, wie man es erst im Rückblick so deutlich erkennen kann. In letzter Konsequenz änderte sich das Verhalten der Menschen von einem Leben *mit* der Natur zu einem Leben *gegen* die Natur. Ich habe lange überlegt, in wie weit dafür die biblische Überlieferung *macht euch die Erde untertan* verantwortlich sein kann.

Wenn man das *untertan machen* als *zunutze machen* interpretiert, dann unterstützt das das Jahrhunderte lange Bemühen der Menschen, Nutzpflanzen und Nutztiere zu züchten. Dabei ist immer noch das Grundprinzip der Symbiose erkennbar, der Symbiose von Mensch und Natur, von Mensch und Pflanze und von Mensch und Tier. Was hat die Menschen nur dazu gebracht, veranlasst zu glauben, dass sie die Natur versklaven könnten? Was konnte Menschen dazu verführen *gottgleich* sein zu wollen?

Die Antwort darauf ist wahrscheinlich einfacher als man denkt. Statt es bei einem undefinierbaren und damit auch unerklärlichen Gott zu belassen, wurde Gott als der allmächtige Schöpfer Himmels und der Erden verehrt und in die Köpfe der

Menschen eingebrannt. Dann ist der Schritt nicht mehr weit, dass jeder der etwas *schöpfen* kann, *gottähnlich* sein muss! Unterstützt wird das noch durch die Prämisse, dass Menschen auf ihr Schaffen stolz sein können und sollen!

Bei dieser Entwicklung bleiben irgendwann Demut und Bescheidenheit auf der Strecke und werden durch Arroganz und Größenwahn ersetzt. Ich glaube, die Erklärung ist wieder einfacher als man denkt. Diesen Menschen ist niemals der Begriff der *Selbstreferentialität* erklärt und beigebracht worden. Konfuzius hat das zwar mit seiner Weisheit *Don't do unto others, what you don't want them to do unto you* bereits vor 2500 Jahren versucht, aber erst heute beginnen wir Menschen, das langsam zu verstehen. Die meisten Religionen haben diese Selbstreferenz durch eine göttliche oder gottgegebene Referenz, also eine willkürliche äußere Referenz ersetzt und in die Köpfe der Menschen eingehämmert!

Mit dieser Maßnahme wird die Eigenverantwortung des Einzelnen negiert und abgeschafft und das kommt natürlich gerade den Menschen gelegen, die Schwierigkeiten damit haben, eigenverantwortlich zu handeln. Da der eigene Horizont naturgegeben eingeschränkt ist, ist auch die Frage, ob etwas vorteilhaft oder nachteilig ist, gar nicht uneingeschränkt beantwortbar und wir sind deshalb froh, wenn wir die Verantwortung für unser Handeln abgeben können, weil wir uns dann selbst nichts vorzuwerfen haben.

Wir Menschen müssen lernen zu akzeptieren, dass es kein richtig oder falsch gibt, dass es in dieser Welt keine Perfektion, keine perfekten Antworten gibt und geben kann, aber unsere Kultur hat sich anscheinend anders entwickelt. Den Menschen wurden eine göttliche Allmacht und Perfektion vorgegaukelt, die erreicht wird, wenn man nur das glaubt, was einem vorgegeben wird.

Ich nenne das den *Moses-Trick*. Moses hatte den Hebräern, die in Ägypten die einfachsten Arbeiten verrichten mussten, versprochen, dass sie Gottes auserwähltes Volk werden würden, wenn sie nur das täten was *Er* ihnen sagte und glücklicherweise wusste er (Moses) und nur er, was Er (Gott) ihnen zu sagen hatte. Und so führte er sie aus Ägypten heraus in das gelobte Land und machte sich selbst damit unsterblich.

Nun kann man sich natürlich trefflich darüber streiten, ob das nur ein Trick war oder tatsächlich eine Fügung Gottes, sicher ist nur, dass durch einen festen Glauben die gefühlte Unsicherheit verdrängt wird. Schlimm wird es nur, wenn diese gefühlte Unsicherheit instrumentalisiert wird, um den festen Glauben zu indoktrinieren, denn dann handelt es sich eindeutig um den Tatbestand der Manipulation.

Den Begriff *Moses-Trick* habe ich deshalb verwendet, weil ich überzeugt bin, dass dieser Trick wiederholt Nachahmer fand und noch heute von Menschen wie Trump, Putin oder Xi-Jinpeng angewendet wird. Nun kann man zwar darüber streiten, ob Manipulation für einen guten Zweck vertretbar wäre, aber das ist eher eine semantische Frage, ob man das dann nicht besser als Überzeugen bezeichnen sollte.

Die Welt ist vielfältig, vielfältig auf allen Ebenen. So wie sich alle Menschen irgendwie unterscheiden, so unterscheiden sich auch Galaxien im Großen oder Bakterien im Kleinen. Ein Einheitsglaube ist genauso einfältig wie eine Einheitspartei und ein allmächtiger Gott entbindet uns genauso wenig von unserer Eigenverantwortlichkeit wie ein allmächtiger Führer oder Herrscher! Ich selbst bin im Nachkriegsdeutschland aufgewachsen und habe hautnah erlebt, welche Auswirkungen die Parole *Führer, wir folgen dir* haben kann, welche Folgen es hat, wenn Menschen sich selbst ihrer Eigenverantwortung entziehen.

Aber Achtung, es geht hier nicht um die Qualität des Führers (oder Gottes), sondern um das Prinzip der Eigenverantwortlichkeit und um das Prinzip der Selbstreferentialität. Beide hängen miteinander zusammen, sind aber nicht das gleiche. Die Selbstreferentialität ist eher eine Abstraktion der Eigenverantwortlichkeit, die wir tagtäglich umsetzen müssen.

Wenn man Gott als Synonym für das verwendet, was man nicht verstehen kann, dann ist es geradezu absurd und kontraproduktiv, diesem Gott Eigenschaften oder gar einen Willen zuzuordnen. Dann wird Gott eher zu einem Menschen erster Klasse, zu einem *perfekten* Menschen, in den wir all unsere Wünsche und Hoffnungen hineininterpretieren können. Wenn eine Religion dann auch noch einen bedingungslosen, unbedingten und somit alternativlosen Glauben an dieses menschliche Konstrukt einfordert, hat dieser Gott seine Unschuld verloren und wird zum Mittel der Manipulation.

Ich bin Physiker und liebe die Physik und gerade wegen dieser Liebe schreckt es mich immer wieder ab, wenn versucht wird, die Physik mit gottgegebenen Prämissen zu vergewaltigen. Ich liebe die Physik, weil sie eine lebendige Wissenschaft ist, die mehr Fragen aufwirft als Antworten bereithält. Man kann nur vollständig erklären und verstehen, was man auch eindeutig definieren kann. Diese Erkenntnis ist nicht neu oder gar von mir. Bereits vor 100 Jahren fragte sich Niels Bohr, was man unter *Verstehen* verstehen kann und kam zu der Aussage *Verstehen heißt Vereinfachen.* Dem möchte ich gerne zustimmen mit dem Zusatz, dass wir für unser Verstehen immer eine Referenz benötigen und schon die Wahl einer Referenz bereits eine Vereinfachung ist.

Es ist durchaus vorstellbar, dass uns die Komplementarität von Raum und Zeit gar nicht so recht bewusst wird, weil für uns selbst eine komplementäre Betrachtungsweise der Welt ganz normal ist, nämlich mit Ratio und Intuition, mit Verstand und Gefühl, die beide bei unserem Denken gleichzeitig aktiv sind. Vielleicht ist es etwas übertrieben, aber man könnte sagen, dass der Verstand für den Raum zuständig ist und das Gefühl für die Zeit. Schwierigkeiten bekommen wir erst, wenn wir unsere Gefühle rational erklären wollen. Aber das ist ein weites Feld, Glatteis, auf das ich mich nicht begeben möchte.

Wernher von Braun begrüßte uns 1962 persönlich bei unserer Immatrikulationsfeier an der TU Berlin, die erste Mondlandung fand am Ende meiner Studienzeit 1969 statt und 1970 führte mich mein Berufsweg zur Geophysik, Geologie und Paläontologie. Ich wurde direkt mit dem hemmungslosen Raubbau konfrontiert, den die Menschen unter dem Deckmantel des Fortschritts betrieben. Ich war überrascht, dass die Menschen mehr Angst davor hatten, dass die Erdölvorräte zur Neige gehen könnten, als vor der Zerstörung der Natur und des Klimas.

Ich habe Physik immer als Naturwissenschaft verstanden und die Natur immer als lebendiges Wesen betrachtet, wobei die Physik naturgemäß in einem anderen Zeitfenster angesiedelt ist als beispielsweise die Biologie. Eherne Naturgesetze waren für mich immer nur eine Vereinfachung, der man mit sehr viel Vorsicht begegnen muss. Gerade als Experimentalphysiker wird man mit so vielen Unwägbarkeiten konfrontiert, dass oft der gute Wille arg strapaziert wird und wenn als Zielsetzung eindeutige Ergebnisse vorgegeben sind, versucht man natürlich, diese zu erzielen.

Meine Zielsetzung war nur, die Welt so gut als möglich zu verstehen, nicht eine Weltformel zu entwickeln. Schon zu Beginn meines Studiums fiel mir auf, dass ich trotz eifrigsten Bemühens ständig im Kreis dachte, es war fast unvermeidbar. Intuitiv habe ich so die Notwendigkeit von Kreisläufen begriffen, mit ständigen Wiederholungen und kleinen Fortschritten.

Der entscheidende Schritt zum besseren Verständnis war jedoch das Prinzip der Selbstreferentialität, die auch das *Verstehen* selbst auf eine neue Ebene hievte. Diese Selbstreferentialität ist zunächst nur intuitiv zu verstehen, nicht mit Logik, Vernunft oder Rationalität. Wenn aber diese Erkenntnis erst einmal gereift ist, schämt man sich nicht mehr für seine Intuition, im Gegenteil, erkennt man den Grund für den Irrtum der Vernunft und den Grund dafür, dass ein Verstehen immer nur *gut genug* sein kann.

Das ist auch der Grund, warum die Physik, so wie sie sich historisch entwickelt hat, nicht zum Verständnis der Welt, zum Verständnis des Universums geeignet ist. Physik hat sich formal logisch als eine referenzierende Wissenschaft entwickelt. Wenn man in der Physik den zeitlichen Verlauf eines Prozesses beobachtet, z.B. den Fall eines Steins aus einer bestimmten Höhe, dann wird eine Uhr gestartet, wenn der Stein losgelassen wird und gestoppt, wenn er auf dem Boden auftrifft. Als Referenz des Raums wählt man gewöhnlich den Boden, von dem aus die Fallhöhe bemessen wird und für die Zeit den Start der Stoppuhr, aber alle anderen Referenzpunkte würden es auch tun.

Jetzt können sie den Stein tausendmal aus einem Meter Höhe fallen lassen und so genau die Fallzeit pro Höhenmeter genau ermitteln. Wollten sie nun die Höhe eines Hauses bestimmen, dessen Höhe sie nicht direkt messen können, dann haben sie wenigstens die Möglichkeit, die Fallzeit vom Dach zu messen und in Relation zu der bekannten Fallzeit aus einem Meter Höhe zu setzen. Das geht natürlich nur, wenn die Fallgeschwindigkeit des Steins eine unveränderliche Konstante wäre. Sie müssen also eine Annahme machen, die sie nicht überprüfen können!

Vor einer ganz ähnliche Problematik stehen Astronomen, Astrophysiker und Kosmologen. Entfernungen werden in *Lichtjahren* angegeben und ansonsten hofft man, dass diese Angaben *gut genug* sind. Inzwischen ist es kein Geheimnis mehr, dass man die Lichtgeschwindigkeit nicht zwischen A und B messen kann, sondern nur von A nach B und wieder zurück nach A. Nach einer Konvention, die Einstein schon 1905 formulierte wird angenommen, dass die Lichtgeschwindigkeit hin und zurück gleich ist. Das impliziert natürlich, dass das Medium, der Raum zwischen A und B homogen und isotrop ist.

Hier stellt sich natürlich unmittelbar die Frage, ob ein gekrümmter Raum überhaupt homogen und isotrop sein kann. Ich persönlich habe keine Antwort auf diese Frage, weil ich nicht einmal weiß, welche Vorstellung von Raum überhaupt angemessen wäre. Vermutlich ist auch Raum, genauso wie Zeit, selbstreferentiell und kann demnach auch entstehen und vergehen. Angenommen, der Raum würde sich in 10 Milliarden Jahren so verändern, dass unsere lineare Extrapolation nicht mehr *gut genug* ist, was hätte das für Konsequenzen?

Jede Annahme wirft neue Fragen auf und das geht solange weiter, solange man Spaß daran hat und das ist individuell unterschiedlich. Eine *endgültige* Lösung ist jedoch nicht in Sicht, auch nicht für einen hochbegabten Wissenschaftler. Die Frage, die sich jeder Einzelne selbst stellen muss, ist ob das Verständnis für ihn selbst *gut genug* ist und ob ein weiterer Aufwand noch Spaß macht. Mir persönlich macht es Spaß, immer neue Fragen zu entdecken. Dabei stößt man allerdings in Regionen vor, die den meisten ziemlich egal sind und sie eher langweilen.

Bei diesen gedanklichen Exkursionen ist man meist auf sich selbst gestellt, weil eindeutige Definitionen fehlen und daher andere auch anderen Gedankengängen folgen. Diese Gedankengänge sind nicht richtig oder falsch, sie sind anders und resultieren aus anderen Blickwinkeln. Bei Diskussionen mit meinem guten Freund und Studienkollegen Peter verwendeten wir die meiste Zeit darauf, unsere jeweiligen Gedankengänge sorgsam zu formulieren und zu erläutern und es erfüllte uns beide mit wissenschaftlicher Freude, wenn wir auf eine neue Frage stießen. Erst kurz vor seinem Tod überraschte er mich mit seiner Einsicht, dass es bei unseren Diskussionen gar nicht um Physik ging, was ich immer wieder zu betonen versuchte. Unsere physikalische Ausbildung war nur der Aufhänger, war nur der Ansatz für eine gemeinsame Sprache. Im Grunde ging es nicht um die Frage, was die Physik kann, sondern um die Frage, was die Physik *nicht* kann.

Als Physiker muss man dann über den Tellerrand schauen und hoffen, dass man einen anderen Teller findet, denn nur das hat man als Physiker gelernt, die Beschreibung eines Systems, eines Tellers! Ganz generell könnte man Physik als Ursachenforschung beschreiben, man nimmt Wirkungen war und sucht nach deren Ursache oder Ursachen. Man hofft, eine eindeutige Beziehung zwischen Ursache und Wirkung zu finden und bezeichnet das dann als *physikalische Gesetze.*

Wenn diese Eindeutigkeit nicht gegeben ist, kommt Gott wieder ins Spiel, aber ein ganz anderer Gott als der von den monotheistischen Religionen gepredigte Gott. Unser eigenes Auflösungsvermögen und auch das Auflösungsvermögen des Elektromagnetismus ist begrenzt, sowohl zum Großen wie zum Kleinen hin und wir sind in beiden Richtungen auf Spekulationen angewiesen, auf Spekulationen ohne Empirie!

Für mich persönlich ist das das Reich Gottes, der Bereich des Ungewissen, der aber für unser eigenes Leben auf unserer Erde ohne Belang ist. Es gibt diese Bereiche, wo unsere Ursachenforschung ins Leere läuft, wie beispielsweise bei *Masse*, und ich habe dafür den Begriff der *Selbstreferentialität* gewählt, der auch in einer mittelalterlichen Gottesdefinition Verwendung findet: ***Ich bin, der ich bin!***

Gott ist dann ein Synonym für die Ränder der Welt, die sich unserer Wahrnehmung entziehen. Da beispielsweise ein Anfang oder ein Ende eine Referenz darstellen, steht die selbstreferentielle mittelalterliche Gottesdefinition im krassen Widerspruch zur biblischen Genesis.

Es ist einfach nur bedauerlich, dass eine einfältige Interpretation eines Monismus einen so einfältigen Monotheismus hervorbringen konnte, dessen einzige Zielsetzung die Manipulation einfältiger Menschen sein konnte. Diese Aussage ist keine Bewertung der Manipulation, aber ich halte es allemal für besser, die Sinne und den Verstand der Menschen zu schärfen, damit sie ihr eigenes Urteil fällen können und die Grenzen der eigenen Urteilsfähigkeit bewerten können.

Am deutlichsten wird Selbstreferentialität bei den Begriffen *Veränderung* und *Verstehen*. Veränderungen sind letztlich die Ursache von Informationen, aber auch deren Wirkung. Eine Veränderung basiert auf einer Veränderung und hat auch eine Veränderung zur Folge. Wenn man zudem eine Veränderung als Übergang von einem Zustand zu einem anderen Zustand definiert, dann müssen die einzelnen Zustände auch eine gewisse Stabilität haben, müssen zumindest quasi-stabil sein.

Damit wird die Anzahl der Veränderungen pro Zeit, also die Veränderungsgeschwindigkeit zu einem wichtigen und wesentlichen Parameter. Wenn die Veränderungsgeschwindigkeit null (0) ist, gibt es keine Veränderungen und damit auch keine Zeit und wenn sie unendlich (∞) wäre, gäbe es keine Zustände und folglich auch keinen Raum.

Die Veränderungsgeschwindigkeit ähnelt somit der Informationsgeschwindigkeit und ist möglicherweise sogar das gleiche. Wenn man zudem Leben als Veränderung betrachtet, dann heißt das auch, dass Leben quasi-stabile Zustände benötigt und das Ausmaß dieser Stabilität ist letztlich für die Evolutionsgeschwindigkeit verantwortlich!

Eine Frequenz ist dann nur ein Sonderfall einer Veränderungsgeschwindigkeit, dann wenn die Veränderungen absolut regelmäßig stattfinden. Regelmäßigkeit ist allerdings die absolute Ausnahme. Wenn wir nur unseren eigenen Puls betrachten, stellen wir fest, dass er eigentlich nie ganz regelmäßig schlägt, wir mitteln ihn meist über eine Minute und sind zufrieden, wenn die Abweichungen nicht zu groß sind, wenn die Regelmäßigkeit *gut genug* ist!

Wir sind so daran gewöhnt, Versuchsreihen häufig zu wiederholen und Mittelwerte zu bilden, dass wir letztlich an die Macht der Mittelwerte glauben. Wir haben sogar eine Fehlerrechnung entwickelt, aber die hat überhaupt nur eine Aussagefähigkeit, wenn wir dasselbe Experiment sehr häufig unter den gleichen Voraussetzungen durchführen könnten. Eigentlich sollten wir wissen, dass man niemals zweimal im gleichen Fluss badet (indisches Sprichwort) und folglich die Gleichheit der Voraussetzungen immer nur eine hinreichende Annahme sein kann!

Diese Annahme stammt aber noch aus einer Zeit, als man auch von unveränderlichen Naturgesetzen ausging, einer Annahme, die noch heute von manchen Wissenschaftlern vertreten wird. Auch in der Physik selbst gibt es zwei wesentliche Fraktionen, die Experimentalphysiker und die theoretischen Physiker, die sich bereits in ihrer Denk- und Arbeitsweise und in ihrer Zielsetzung dramatisch unterscheiden.

Warum sollte man überhaupt theoretische Physik studieren, wenn man annehmen muss, dass es gar keine vernünftige Theorie geben kann? Diese Zweifel fallen einem Experimentalphysiker weitaus leichter, für den Agnostizismus keinen Unglauben darstellt. Im Gegenteil, jedes einzelne Experiment bestätigt die Vermutung, dass die Welt viel komplexer ist, als man zu hoffen wagt.

Wenn jede Handlung, jedes Ereignis die Welt verändert, dann muss sich auch das Verstehen ändern und man kann nur hoffen, dass sich immer wieder Kreisläufe einstellen, in denen sich bestimmte Konstellationen wiederholen. Beständige Regeln sind dann also eher die Ausnahme und es stellt sich die berechtigte Frage, warum es überhaupt *physikalische Gesetze* gibt oder geben kann.

Die Begriffe *Gesetze, Theorien* und *Definitionen* stammen aus einer Zeit als man davon ausging, dass es eine Genesis gab, eine Schöpfung in einer fernen Vergangenheit, die man einem Schöpfer (Gott) oder mehreren Göttern zuordnete. Diese Vorstellung kam zunehmend ins Wanken, als man die Prinzipien einer biologischen Evolution erkennen konnte.

Von da an entwickelte sich langsam eine neue Vorstellung von unserer Welt, die Schöpfung hat nicht *stattgefunden*, die Schöpfung findet statt, immer und immer wieder aufs Neue und ein Synonym dafür ist der Begriff *Evolution*. Diese Evolution findet auf allen Ebenen statt und die von Darwin angestoßene biologische Evolution ist nur ein Teilaspekt einer vielschichtigen allgemeinen Evolution.

Daraus resultiert eine völlig neue Aufgabenstellung, nach Prinzipien zu suchen, die Grundlage und Bestandteil eines allgemeinen Evolutionsprinzips sein können.

12. Prinzipien

Aus der Suche nach *physikalischen Gesetzen* wird somit eine Suche nach Prinzipien, die diesen Gesetzen zugrunde liegen könnten. Viele Wissenschaftler sind dieser Frage bereits nachgegangen und haben unterschiedliche *Prinzipien* postuliert, von denen aber manche dieses Prädikat nicht unbedingt verdient haben. Ich persönlich würde das *anthropische Prinzip* nicht als ein grundlegendes Prinzip einordnen, aber das steckt ja schon in der Verwendung des Begriffs *anthropisch*.

An dieser Stelle muss ich den von mir selbst kreierten Begriff des *allgemeinen Evolutionsprinzips* erläutern. Evolution selbst ist im Grunde genommen kein Prinzip, sondern nur die Freiheit, alles nur Mögliche zu probieren. Wettbewerb kann man hingegen als Prinzip deklarieren, wenn man ihn als Belohnungssystem einstuft, das Vorteile belohnt. Grundlage dafür könnte ein *Minimalprinzip* sein, das bei gleicher Wirkung einen geringeren Aufwand bevorzugt.

Ein evolutionärer Wettbewerb ist ein interdisziplinärer, ein multidimensionaler Wettbewerb, bei dem auch Qualitäten zum Tragen kommen, die gar nicht quantitativ bewertet werden können. Die Vielfalt der zu bewertenden Eigenschaften macht diesen evolutionären Wettbewerb allein rational nicht erfassbar, sondern benötigt auch eine emotionale Komponente.

Grundlage dieser Überlegung ist ein *Komplementaritätsprinzip*, das meiner Meinung nach so fundamental ist, wie die Welt selbst. Als komplementär werden Entitäten oder Eigenschaften bezeichnet, wenn sie sich gegenseitig bedingen, sich ergänzen, aber nicht gleichzeitig *verfügbar* sind. Ich habe das an den Begriffen Zustand und Zustandsänderung beispielhaft erläutert, die nicht gleichzeitig erfasst werden können. Die Liste ist aber fast beliebig erweiterbar.

Die folgende Tabelle zeigt einen kleinen Ausschnitt möglicher Komplementaritäten.

Zustand	Zustandsänderung
Raum	Zeit
Quantität	Qualität
Rationalität	Emotionalität
Sein	Werden
Notwendigkeit	Zufall
...	...
...	...

Wie schon bemerkt, ergänzen sich Komplementaritäten und diese gegenseitige Ergänzung lässt sich durchaus als Keimzelle einer Symbiose betrachten. Der Begriff *Komplementarität* wurde erstmals von dem Psychologen William James für die Beschreibung der Schizophrenie verwendet und später von Niels Bohr zur Erklärung des *Welle-Teilchen-Dualismus* in die Physik übernommen.

Wie gefährlich diese Übernahme ist, wird sofort deutlich, wenn man sich bewusst macht, dass die Physik im klassischen Sinn eine *rationale* Wissenschaft ist, die auf quantitative Aussagen angewiesen ist, auf Gleichungen oder Ungleichungen und Qualitäten nur notdürftig als Wahrscheinlichkeiten darstellen kann. Wahrscheinlichkeiten als Qualitätsbarometer können immer nur von Fall zu Fall *gut genug* sein!

Aus diesem Grund kann die Physik auch nichts mit einer qualitativen *Zeit* oder mit Evolutionsgeschwindigkeiten anfangen und muss auf konstante Frequenzen oder eine Dauer zurückgreifen. Physik ist letztlich ein emotionaler Krüppel und physikalische Theorien sind immer nur die halbe Miete.

Da die Welt, die Natur, letztlich eine Symbiose von allem ist, muss sie andere Möglichkeiten oder Wege finden, um unterschiedlichen Qualitäten gerecht werden zu können und das ist Wettbewerb, was keinesfalls mit Wettkampf verwechselt werden darf! Aufgabe des Wettbewerbs ist es nicht Sieger oder Verlierer zu ermitteln, sondern Vor- und Nachteile auszuloten. Es geht dabei nicht um die einzelne Entität, sondern um ein Prinzip!

Das wirft aber zwei grundsätzliche Fragen auf, was sind eigentlich Vorteile und wie lassen sich Vorteile belohnen? Hier hilft nur ein philosophischer Ansatz und ich kenne keinen besseren Ansatz als die Aussage des Paracelsus:

Die Welt ist ein lebendiges Wesen!

Diese Aussage macht aber nur Sinn, wenn man hinzufügt, was lebendig oder Leben ist und welche Aufgabe Leben hat.

Eine Antwort darauf wissen wir nicht und können daher nur spekulieren und nach einer plausiblen Erklärung suchen. Wenn man Leben ganz einfach als Veränderung betrachtet, dann ist auch Leben selbstreferentiell und muss sich immer wieder selbst erneuern. Nicht auszusterben wäre somit eine intrinsische Aufgabe des Lebens und in der Selbstreferentialität des Lebens begründet.

Demnach wäre es *vorteilhaft* für Leben, wenn es sich selbst erneuern oder reproduzieren ließe. Das kann aber nicht als Zielsetzung betrachtet werden, weil es bereits durch die Selbstreferentialität des Lebens vorgegeben ist. Leben kann sich aber entwickeln, aus sich selbst heraus, und dafür wurde der Begriff *Evolution* geprägt. Insofern ist Evolution doch ein Prinzip, das Prinzip der Selbsterneuerung und wenn man dieses Prinzip nicht versteht und auch seinen Ursprung nicht ergründen kann, darf man es auch **Gott** nennen. *Gott* ist dann tatsächlich das *ewige Leben!*

Wir Menschen sind dann nur eine komplexe Variante im Kreislauf des Lebens, sind komplexe Systeme, für die auch die bereits zuvor zitierte Erkenntnis von Niklas Luhmann in ihrer abstrakten Formulierung gilt: *Reduktion von Komplexität ist Bedingung der Steigerung von Komplexität.*

Wenn das auch für die Welt als Ganzes gelten sollte, müsste die Welt immer wieder regional komplexe Strukturen erschaffen, die auch immer wieder reduziert werden müssten. Es wäre also durchaus möglich, dass sich im Universum regional riesige Informationscluster bilden, die wir als Galaxien wahrnehmen und deren Komplexität auch wieder reduziert werden muss, beispielsweise in sogenannten *schwarzen Löchern.*

Diese Vorstellung setzt aber voraus, dass die Welt als lebendiges Wesen auch eine *intrinsische Intelligenz* besitzen müsste, eine Intelligenz, die so marginal sein könnte, dass wir sie mit unserer Arroganz nicht erkennen können oder wollen. Für mich persönlich ist diese Vorstellung faszinierend, weil dann Gott und die Welt dasselbe wären und Gott somit ein lebendiges, selbstlernendes Wesen hätte. Gott wäre dann aber auch komplementär und damit für uns nicht rational zugänglich.

Damit wird sogar die Suche nach *rationalen* Prinzipien unmöglich oder höchstens zu einem Glücksspiel. In jedem Fall müssen wir aber unterscheiden zwischen der Welt, dem Universum, und unserer Erde, dem blauen Planeten, unserem Zuhause, das unsere volle Aufmerksamkeit benötigt. Es gibt keinen Plan(et) B! Wir sind auf der Erde an ein Kausalprinzip gewöhnt, aber ob dieses auch für eine möglicherweise selbstreferentielle Welt gilt, liegt nicht in unserem Ermessen.

13. Leben

Solange wir Prinzipien nur nach *rationalen* Gesichtspunkten betrachten und bewerten, ist es unmöglich, Leben als ein Prinzip einzuordnen. Wenn man nur versucht, Zeit zu verstehen, erkennt man bereits die Grenzen der Rationalität. Erst wenn man Leben als Symbiose von Rationalität und Emotionalität begreift, als Symbiose von Zufall und Notwendigkeit (J. Monod), kommt man einem Verständnis vielleicht einen Schritt näher.

Man muss tatsächlich den Rahmen der rationalen Wissenschaften sprengen, um sich dem *Leben* nähern zu können. Auch wenn ich mir den Unmut vieler Wissenschaftler zuziehen werde, ist dafür vermutlich das althergebrachte Prinzip von Actio gleich Reactio verantwortlich, dass schließlich in Einsteins Postulat der *Energiequanten* in die Annalen der Physik Einzug hielt. Für seine Theorie des photoelektrischen Effekts erhielt er auch den Nobelpreis.

Ich habe bereits mehrfach darauf hingewiesen, dass eine Quantelung nur beim Empfänger durch die ausgelöste Wirkung stattfindet (M. Planck) und die Gleichsetzung von Ursache, den sogenannten Energiequanten, und Wirkungsquanten zwar formal mathematisch denkbar ist, aber eine Vereinfachung darstellt, die dem Verständnis von Leben diametral entgegen steht.

Wenn man diesen Gedanken weiterverfolgt, könnte man Leben ganz allgemein als den Aufbau und die Erhaltung von geordneten Strukturen verstehen. Dieser Aufbau und Erhalt benötigten allerdings Bruchteile von *Energie*, wie ich es bereits im 2. Kapitel auf Seite 12 angedeutet habe. Wenn beispielsweise die eingespeiste Energie 4,3 Wirkungsquanten entspricht, dann können die 0,3 zwar keine Wirkung erzielen, stehen aber dem System als Energie zur Verfügung.

Das System muss sich dann aber dieser zusätzlichen Energie bewusst sein und entscheiden, was es mit dieser Energie macht. Wenn man dieses *sich bewusst sein* als Bewusstsein definiert, lässt sich dieses *Bewusstsein* gar nicht aus der Physik wegdenken. Eine ähnliche Überlegung ist mir immer wieder bei der Betrachtung der Halbwertszeit in den Sinn gekommen.

Die Halbwertszeit ist so definiert, dass in diesem Zeitraum die Hälfte des verfügbaren radioaktiven Materials zerfällt. Dem Material musst letztlich bewusst sein, wie viel Material zu einem bestimmten Zeitpunkt verfügbar oder vorhanden ist. Die Zerfallsrate ist keine Konstante, sondern eine Exponentialfunktion, die manchmal auch als Lebensfunktion bezeichnet wird.

Leben ist ohne einen Energieüberschuss gar nicht denkbar und so konnte das alte physikalische Prinzip von *Actio = Reactio* auch nur für *tote* Materie einen Sinn ergeben und die Vorstellung der Welt als eines emotionslosen Uhrwerks nähren. Allein die Existenz von Bewusstsein und somit einer rudimentären Intelligenz ist bei dieser Vorstellung unangemessen. Man kann der Wissenschaft zugutehalten, dass Energie tatsächlich gar nicht messbar ist, sondern sich nur in Form von Wirkungen präsentieren kann und der emotionale Charakter des Proportionalitätsfaktors *Zeit* nicht erkannt wurde.

Es gibt keine rationale mathematische Erklärung für *Zeit* und damit mussten Wissenschaften in ihrem Wahn, rational erklärbar zu sein, nach einem rationalen Ersatz suchen, den sie in Dauer oder Frequenz glaubten, gefunden zu haben. Dieser Wahn ging sogar so weit, dass man veränderliche Eigenfrequenzen ausschloss und lieber mit einem Doppler-Effekt und einem expandierendem Universum erklärte.

In diesem Universum waren physikalische Gesetze unwandelbar und alle a priori existent, man übertrug die eigne Dummheit auf das Universum. Selbstlernende Systeme hatten in der Physik der toten Materie keinen Platz, obwohl die Größe des Elektromagnetismus bereits Hinweise darauf geben konnte, dass er sehr viel *jünger* sein könnte als die weitaus schwächere Gravitation.

Wiederum kann man der Physik zugutehalten, dass Masse, Materie und Gravitation nicht elektromagnetisch sichtbar sind, dass sie tatsächlich ohne Ladungstrennung *dunkel* erscheinen. Wäre es nicht viel einfacher, Ladungstrennung als emergente Eigenschaft zu betrachten, statt das Mysterium der *Dunklen Materie* zu initiieren?

Warum sind Protonen und Neutronen etwa gleich groß, warum erscheint uns Ladungstrennung erst ab dieser Größe? Die Gravitation ist um über 30 Zehnerpotenzen kleiner als der Elektromagnetismus, dann könnten auch die Urelemente der Gravitation, die ich gerne als *Gravis* bezeichne, auch in derselben Größenordnung kleiner sein als Photonen, die sich dann als Urelemente des EM bezeichnen ließen. Photonen wären dann gar nicht in der Lage, diese winzigen *Gravis* zu erkennen.

Bei einer elektromagnetischen Sichtweise, die alle Experimente der Physik beherrscht, wären *Gravis* niemals sichtbar, sie wären Informationen, die einzeln gar nicht auflösbar wären. Diese Informationen könnten aber kooperieren und Cluster bilden bis hin zu einer Größe von Neutronen, die tatsächlich aus mehr als 10^{30} *Gravis* bestehen könnten, aus ähnlich vielen *Gravis*, wie unser eigener Körper Zellen enthält oder das Universum Galaxien.

Solche Neutronen könnten ein hohes Maß an Intelligenz besitzen und einen Mechanismus entwickeln, der sich weiterer Kooperationen widersetzen möchte. Ein Mittel der Wahl wäre dann Ladungstrennung und die Entstehung von Protonen, die einem weiteren Zusammenschluss zunächst entgegenwirken, bis der Gravitationsdruck eine weitere Eskalation bewirkt.

Protonen und Wasserstoff wären dann die Keimzellen der Physik, die sich auf elektromagnetische Beobachtungen stützt, die erst durch Ladungstrennung ermöglicht werden. Man müsste dann auch Neutronen bereits ein Bewusstsein, einen Willen und eine gewisse Intelligenz zugestehen. Dass diese Vorstellung nicht ganz unbegründet ist, zeigen neuere Erkenntnisse am Caltech in Pasadena, die gerade veröffentlicht wurden.

Was *Gravis* sind und ob es sie überhaupt gibt, lässt sich empirisch elektromagnetisch nicht nachweisen, aber die Vorstellung einer kosmischen und physikalischen Evolution kann uns helfen, unsere eigene Evolution besser zu verstehen und einzuordnen. Unsere eigene Intelligenz ist dann nur eine Weiterentwicklung einer rudimentären Intelligenz des Universums selbst. Natürlich kann man Kategorien festlegen, aber wir sollten uns immer bewusst sein, dass alle Einteilungen willkürlich sind.

14. Epilog

Wenn man erkannt hat, dass es für selbstreferentielle Systeme keine eindeutigen Lösungen geben kann, dann ist es nur ein kleiner Schritt, sich an neuen Fragen zu erfreuen. In einer lösungsorientierten Gesellschaft ist es extrem schwierig, mit dieser Meinung durchzudringen. Obwohl fast jeder weiß, dass man aus Misserfolgen mehr lernen kann als aus Erfolgen und genau genommen nur aus Misserfolgen lernen kann, wünschen wir uns dennoch nichts sehnlicher als Erfolge. Wir wissen eigentlich, dass Erfolge arrogant und blind machen, blind für andere, alternative Lösungswege und dennoch bewerten wir Erfolge höher als Misserfolge.

Was macht diese Einstellung mit einer Gesellschaft? Sie wiederholt erfolgreiche Strategien immer und immer wieder, bis der Karren gegen die Wang gefahren ist. Die Dosis macht das Gift und der Erfolg macht uns blind für oder gegen dieses Gift. Das ist kein Plädoyer für Misserfolge, sondern für eine Balance von beiden, Erfolge und Misserfolge sollten sich die Waage halten. Wenn Erfolge euphorisch machen und Misserfolge depressiv, dann ist es sicherlich vorteilhaft, wenn die Euphorie leicht dominiert, wobei die Betonung allerdings auf *leicht* liegen sollte.

Eine Gesellschaft wird durch ihre Zielsetzungen geprägt und wenn diese Zielsetzungen abstrus werden, dann wird auch die Gesellschaft abstrus. Wenn die Zielsetzung ein gemeinschaftliches Überleben ist, dann bilden sich auch entsprechende Gemeinschaften. Wenn jedoch herausragende Einzelleistungen besonders honoriert werden, dann wird die Gemeinschaft auch viele Einzelkämpfer hervorbringen. Wenn Wissenschaftler nach der Anzahl und nicht nach dem Inhalt von Veröffentlichungen bewertet werden, werden sie möglichst viel veröffentlichen und wenn sie sich dann noch gegenseitig zitieren, ist der Ringschluss komplett. Wenn eine Gesellschaft eindeutige Aussagen bevorzugt, dann wird sie sich auf eindeutige Aussagen einigen, also auf Einfalt statt Vielfalt.

Solange wir uns nicht von dem üblichen *richtig-falsch*-Schema trennen, kann auch dem menschlichen Starrsinn nicht Einhalt geboten werden, dem Beharren auf anscheinend *richtigen* Meinungen. Genauso unbefriedigend ist aber auch die Hoffnung mancher, dass irgendwann einmal die richtige Antwort gefunden wird. Ich war schon immer überzeugt, dass Menschen bereits durch ihr Denken die Welt verändern. Auch wenn diese Veränderungen extrem minimal sind, bleiben sie dennoch nicht ohne Einfluss und wenn das Denken von Milliarden Menschen gleichgeschaltet wird, kann das sehr unangenehme Folgen haben.

Die Natur hat uns den Weg gezeigt, Vielfalt statt Einfalt. Vielfalt erzeugt ihrerseits Vielfalt und je größer die Vielfalt ist, desto besser sind die Überlebenschancen. Dagegen erzeugt Einfalt immer mehr Einfalt mit absehbaren Folgen. Genau deshalb mag die Welt wohl auch keine einfältigen Erklärungen. Solange es eine Vielfalt von Erklärungen gibt, gibt es auch eine Vielfalt von Strategien und diese Vielfalt hält die Welt am Leben.

Der Menschheit sind ihre Erfolge zu Kopf gestiegen, die Geschichte der Menschheit wird zumeist als Erfolgsgeschichte verkauft. Mit einem *positiven Denken* werden alle Vorteile hervorgehoben und die Nachteile bleiben geflissentlich unerwähnt. Warum ist der Mazedonier Alexander als *der Große* in die Geschichtsbücher eingegangen? Warum unterhalten die mächtigen Staaten riesige Armeen, obwohl jedem bewusst ist, dass es im Krieg keine Gewinner gibt, sondern nur ganz wenige, die sich auf Kosten anderer bereichern? Warum beharren viele Nationen auf Einheitsparteien, die man eigentlich als *Einfaltsparteien* bezeichnen müsste, obwohl wir alle wissen, dass nur Vielfalt eine Weiterentwicklung vorantreibt?

Warum gibt es immer noch so viele Menschen, die diese Einheitssysteme mit brutaler Gewalt verteidigen und den Freiheits- und Unabhängigkeitswillen von aufgeschlossenen Menschen brutal im Keim ersticken wollen? Warum haben wir zwar offiziell die Sklaverei in den 60er Jahren des 19. Jahrhunderts abgeschafft, aber sie in den Fabriken bis in unser Jahrhundert hinein aufrechterhalten? Ja, die Welt, Leben ist nicht gerecht, aber muss sie in einer kultivierten Gesellschaft so ungerecht sein?

Meine Großmutter ist noch im deutschen Kaiserreich aufgewachsen und damals hieß es *Gott lenkt und der Kaiser denkt,* oder war es umgekehrt? Heute lächeln wir über diesen Satz, aber hat sich in den letzten 100 Jahren wirklich so viel verändert? Bei Wahlen werden wir mit Slogans konfrontiert, die auch nicht geistreicher sind. Sind wir Menschen tatsächlich so einfältig, dass wir uns von so viel Einfalt überzeugen lassen oder ist es nicht gerade der Wunsch der Machthaber und Mächtigen, dass wir so einfältig sein mögen?

Die Entwicklung in Deutschland und einigen europäischen Ländern geht hin zu Mehr-Parteien-Systemen, die die Vielfalt besser wiederspiegeln als Ein-Parteien- oder gefühlte Zwei-Parteien-Systeme. Kompromisse werden dadurch nicht mehr innerhalb der Parteien erzwungen, sondern zwischen den Parteien und werden dadurch in der Öffentlichkeit präsenter. Jede Symbiose beruht letztlich auf Kompromissen und erst wenn man die treibende Kraft von Kompromissen erkennt, kann man Politik vernünftig einordnen.

Wir müssen immer einen Kompromiss zwischen Vor- und Nachteilen suchen und finden und wir müssen uns immer bewusst sein, dass es keine Vorteile ohne Nachteile geben kann und wir müssen uns auch bewusst sein, dass es keine immerwährende Balance gibt und geben kann. Da ist unsere eigene Flexibilität gefordert und vor allem unsere eigene Urteilskraft. Die kann uns kein Gott und kein Führer abnehmen, die müssen wir uns selbst, jeder für sich, aneignen.

Wir können uns an Mitmenschen, die mehr Erfahrung haben, orientieren, aber den Maßstab für uns selbst müssen wir selbst setzen. Die häufig verwendete Floskel, dass man dafür nicht zuständig sei, gilt nicht. Wir sind selbst für unsere Erfolge, aber auch für unsere Misserfolge verantwortlich. Das ist das Prinzip der Eigenverantwortung, der Selbstreferentialität und die Zielsetzung dieses Essays.

Für unser eigenes Handeln, für unsere Erfolge und Misserfolge auf dieser Erde, für unsere Eigenverantwortung können und müssen wir ein Kausalitätsprinzip zugrunde legen, das uns selbst mit einbezieht, unsere Sinne für die Wahrnehmung und unseren Verstand und unser Gefühl für die angemessenen Reaktionen.

Natürlich ist es uns freigestellt, darüber hinaus über das Universum nachzudenken, aber wenn das Kausalitätsprinzip an seine Grenzen stößt, kommt auch unsere darauf basierende Logik und Rationalität an ihre Grenzen. Jeder Mensch weiß, dass man nicht ungestraft *extrapolieren* darf, man kann es machen, aber die Ergebnisse sind gewöhnlich naiv, dumm und sinnlos! Im Grunde zeigte Kurt Gödel 1931 nur, dass man auch Logik nicht beliebig extrapolieren kann.

Wenn wir begreifen, dass Logik und Rationalität hilfreich sind, aber Systeme nicht vollständig beschreiben können, werden wir auch diese Systeme besser einordnen und verstehen und ihnen eine Form von Leben zugestehen, das anders ist als das uns geläufige biologische Leben.

Eine Liste meiner Bücher und Essays, die die Evolution meiner Ansichten widerspiegeln

- Meine Zeit (2008)
- Information und Kosmos (2014)
- Evolution 3.0 (2015)
- Das Ende des Urknalls (2016)
- Das kreative Universum (2017)
- Zum Zweifeln geboren - zum Glauben verdammt (2017)
- Werden (2018)
- Die recycelte Zeit (2018)
- Die Macht des Menschen (2020)
- Die Farben der Zeit (2020)
- Symbiotic Cosmos (2020) (Englisch)
- Zeus, Gravitatione und ich (2021)
- Komplementarität (2022)
- Komplementarität und Symbiose (2022)
- Dualismus und Monismus (2022)
- Information und Kosmos II (2022)
- Gut genug (2023)

Eine Auswahl der Bücher, die ich nicht missen möchte

- D. Althaus: *Müll ist ein Mangel an Phantasie*
- J. Assmann: *Religion und kulturelles Gedächtnis*
- J. Assmann: *Ma'at*
- R. Axelrod: *Die Evolution der Kooperation*
- S. Blackmore: *The Meme Machine / Die Macht der Meme*
- V. Braitenberg: *Das Bild der Welt im Kopf*
- R. Bregman: *Im Grunde gut*
- W.H. Calvin: *The River that Flows Uphill*
- F. Capra: *Das Tao der Physik*
- C.W. Ceram: *Götter, Gräber und Gelehrte*
- F. Cramer: *Der Zeitbaum*
- A. Damasio: *Descartes' Irrtum*
- R. Dawkins: *Das egoistische Gen*
- M. Eigen / R. Winkler: *Das Spiel*
- R. Feynman: *Vom Wesen physikalischer Gesetze*
- S. J. Gould: *Zufall Mensch*
- Y.N. Harari: *Eine kleine Geschichte der Menschheit*
- W. Heisenberg: *Der Teil und das Ganze*
- D.R. Hofstadter: *Gödel, Escher, Bach*
- J. Holland: *Emergence: From Chaos to Order*
- A. v. Humboldt: *Ansichten der Natur*
- J. Huxley: *Evolutionary Humanism*
- E. Jantsch: *Die Selbstorganisation des Universums*
- U. Kutschera: *Evolutionsbiologie*

- J. Lovelock: *Gaia*
- N. Luhmann: *Einführung in die Systemtheorie*
- L. Margulis / D. Sagan: *Microcosmos*
- L. Margulis: *Symbiotic Planet*
- J.P. Marsh: *Man and Nature*
- H. Maturana / F. Varela: *Der Baum der Erkenntnis*
- D. Meadows: *Die Grenzen des Wachstums*
- J. Monod: *Zufall und Notwendigkeit*
- G. Orwell: *1984*
- A. Penrose: *The Road to Reality*
- L.J. Peter: *The Peter Principle*
- R.D. Precht: *WER BIN ICH und wenn ja wie viele*
- K. Popper: *Vermutungen und Widerlegungen: Das Wachstum der wissenschaftlichen Erkenntnis*
- V. Ramachandran: *The Emerging Mind*
- M. Ridley: *Die Biologie der Tugend*
- M. Ridley: *Eros und Evolution*
- S. Strogatz: *Sync*
- J. Surowiecki: *The Wisdom of Crowds*
- I. Trojanow: *Der Weltensammler*
- A. Unzicker: *Vom Urknall zum Durchknall*
- F.J. Varela/ H.R. Maturana: *Autopoiesis*
- M.M. Waldrop: *Inseln im Chaos*
- A. Winfree: *The Geometry of Biological Time*
- L. Wittgenstein: *Tractatus logico-philosophicus*
- S. Wolfram: *A New Kind of Science*

Günter Hiller

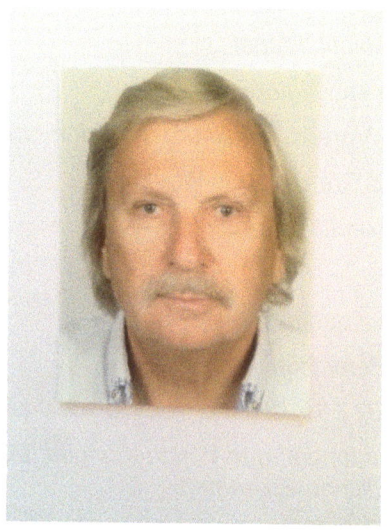

Geboren 1943, graduierte ich 1970 von der Technischen Universität Berlin mit dem Diplom in Physik. In den folgenden 17 Jahren lebte und arbeitete ich als Geophysiker in 15 verschiedenen Ländern, immer in Kontakt mit fremden Kulturen und deren Denkweisen. Aus familiären Gründen kehrte ich nach Deutschland zurück, wo ich in der Mess- und Regeltechnik und als Technischer Leiter für die Entwicklung von Tierhaltungssystemen beschäftigt war. Rationale Physik war ein Standbein meiner Entwicklung aber immer nur ein Teil meines Lebens und meines Denkens.